2024年度黑龙江省社会科学学术著作出版资助项目
项目名称：多模态语篇分析的理论与实践
项目编号：2024017—B

多模态语篇分析的
理论与实践

王 正◎著

Multimodal Discourse Analysis
in Theory and Practice

湖南大学出版社
·长沙·

图书在版编目(CIP)数据

多模态语篇分析的理论与实践/王正著.--长沙：
湖南大学出版社,2025.6.--ISBN 978-7-5667-4200-1

Ⅰ.H0

中国国家版本馆 CIP 数据核字第 20256P0N89 号

多模态语篇分析的理论与实践

DUOMOTAI YUPIAN FENXI DE LILUN YU SHIJIAN

著　　者：王　正		
责任编辑：黄　旺		
印　　装：长沙市雅捷印务有限公司		
开　　本：787 mm×1092 mm　1/16	印　张：12.25	字　数：283 千字
版　　次：2025 年 6 月第 1 版	印　次：2025 年 6 月第 1 次印刷	
书　　号：ISBN 978-7-5667-4200-1		
定　　价：39.00 元		

出 版 人：李文邦
出版发行：湖南大学出版社
社　　址：湖南·长沙·岳麓山　　邮　编：410082
电　　话：0731-88822559(营销部),88821315(编辑室),88821006(出版部)
传　　真：0731-88822264(总编室)
网　　址：http://press.hnu.edu.cn

前　言

随着信息技术的飞速发展和多媒体技术的广泛应用，人类交际的方式已经从单一的语言模态逐渐转向多模态的交际形式。图像、声音、动作、文字等多种符号资源的结合，构成了现代社会中复杂多样的多模态语篇。多模态语篇分析作为一门新兴的研究领域，旨在探讨不同符号资源如何在交际中协同作用，共同构建意义。本书正是在这一背景下应运而生，旨在为读者提供一个系统、全面的多模态语篇分析框架，并通过理论与实践的结合，深入探讨多模态语篇的内在机制和应用前景。

多模态语篇分析的背景与意义

多模态语篇分析的研究起源于 20 世纪 90 年代，随着 Kress 和 van Leeuwen 的《阅读图像：视觉设计的语法》（1996）一书的出版，多模态语篇分析逐渐成为一个独立的研究领域。Kress 和 van Leeuwen 的视觉语法理论为多模态语篇分析提供了重要的理论基础，使得研究者们开始关注图像、声音、动作等非语言符号在交际中的作用。此后，多模态语篇分析逐渐扩展到广告、电影、新闻、教育等多个领域，成为语言学、传播学、社会学等学科交叉研究的热点。

多模态语篇分析的意义在于，它不仅拓展了传统语言学的研究范围，还为理解现代社会中复杂的交际现象提供了新的视角。传统的语言学研究主要关注语言符号的意义构建，而多模态语篇分析则将研究范围扩展到图像、声音、动作等多种符号资源，探讨它们如何与语言符号协同作用，共同构建意义。这种多模态的视角不仅有助于我们更好地理解现代交际中的复杂现象，还为设计更加有效的多模态交际工具提供了理论支持。

本书的研究目标与结构

本书的研究目标是在完善多模态语篇分析理论的基础上，探讨多模态语篇的类型、层次结构、衔接机制以及多模态语料库的建设与应用。通过对静态图文多模态语篇和动态视频多模态语篇的深入分析，本书旨在为读者提供一个系统的多模态语篇分析框架，并通过实例分析展示这一框架在实际研究中的应用。

本书共分为 14 章，每章围绕多模态语篇分析的不同方面展开讨论。第 1 章为绪论，介绍了多模态语篇分析的研究背景、意义、来源和目的，并概述了本书的研究思路和方法。第 2 章探讨了多模态语篇分析的理论基础，包括系统功能语言学理论、社会符号学理论、多模态互动分析理论和多模态语料库语言学理论。第 3 章从多模态视角对语篇进行了拓扑分类，提出了"实现连续体"的概念，并阐释了语篇相邻层次之间的"层次融合"现象。第 4 章和第 5 章分别探讨了静态图文多模态语篇符号间的衔接机制和语料库的建设与应用。第 6 章至第 12 章则聚焦于动态视频多模态语篇的分析，探讨了社会情境模式、组成结构、模态结构、衔接机制以及语料库的建设与应用。第 13 章探讨了多模态语篇分析的跨学科应用，特别是社会符号学电影批评理论的构建与应用。第 14 章对全书的研究内容进行了总结，并提出了研究的创新点、意义和局限性。

多模态语篇分析的理论基础

多模态语篇分析的理论基础主要来源于系统功能语言学和社会符号学。系统功能语言学由 Halliday 提出，强调语言的三大功能：概念功能、人际功能和语篇功能。这一理论为多模态语篇分析提供了重要的分析工具，使得研究者能够将语言的三大功能扩展到图像、声音、动作等非语言符号，探讨它们如何协同作用，共同构建意义。

社会符号学理论则进一步拓展了多模态语篇分析的研究范围。社会符号学认为，语言只是众多符号系统中的一种，图像、声音、动作等符号资源同样具有独立的意义表达功能。Kress 和 van Leeuwen 的视觉语法理论正是基于社会符号学的视角，探讨了图像符号的意义构建机制。此外，多模态互动分析理论和社会情境分析理论也为多模态语篇分析提供了重要的理论支持，使得研究者能够从社会互动的角度探讨多模态语篇的意义构建过程。

多模态语篇分析的应用前景

多模态语篇分析不仅具有重要的理论意义，还具有广泛的应用前景。随着多媒体技术的广泛应用，多模态语篇已经成为现代社会中最重要的交际形式之一。广告、电影、新闻、教育等领域中的多模态语篇，不仅通过语言符号传递信息，还通过图像、声音、动作等多种符号资源构建意义。多模态语篇分析为理解这些复杂的交际现象提供了新的视角，并为设计更加有效的多模态交际工具提供了理论支持。

在广告领域，多模态语篇分析可以帮助广告设计师更好地理解图像、文字、声音等符号资源如何协同作用，共同构建广告的意义。在电影领域，多模态语篇分析可以帮助电影评论家深入探讨电影中的图像、声音、动作等符号资源如何协同作用，共同构建电影的意义。在教育领域，多模态语篇分析可以帮助教师设计更加有效的多模态教学材料，提高学生的学习效果。

本书的创新点与贡献

本书的创新点主要体现在以下几个方面：

提出了多模态语篇的拓扑分类模型：本书从多模态视角对语篇进行了重新分类，提出了"实现连续体"的概念，并阐释了语篇相邻层次之间的"层次融合"现象。这一模型不仅完善了系统功能语言学的语境理论，还为多模态语篇分析提供了新的理论支持。

构建了静态图文多模态语篇的衔接理论框架：本书提出了一个完整的视觉符号和文字符号的衔接理论框架，首次将人际意义衔接和语境衔接纳入多模态语篇符号间的衔接系统。这一框架不仅拓展了多模态语篇分析的研究范围，还为理解多模态语篇的意义构建机制提供了新的视角。

建立了动态视频多模态语篇的社会情境分析模式：本书从社会符号学视角出发，将动态视频多模态语篇的篇内语境层看作是语境重构的社会情境，并提出了社会情境的阶段性呈现结构。这一分析模式不仅为动态视频多模态语篇的分析提供了新的理论工具，还为理解电影、广告等动态视频语篇的意义构建机制提供了新的视角。

构建了多模态语料库的建设与应用模式：本书通过使用 UAM Image Tool 和 ELAN 软件，建立了静态图文多模态语篇和动态视频多模态语篇的语料库，并通过实例分析展示了语料库在多模态语篇分析中的应用。这一模式不仅为多模态语篇分析的量化研究提供了新的工具，还为多模态语篇的语类特征研究提供了新的方法。

结　　语

多模态语篇分析作为一门新兴的研究领域，不仅拓展了传统语言学的研究范围，还为理解现代社会中复杂的交际现象提供了新的视角。本书通过理论与实践的结合，深入探讨了多模态语篇的内在机制和应用前景，旨在为读者提供一个系统、全面的多模态语篇分析框架。希望本书能够为多模态语篇分析的研究者和实践者提供有益的参考，并推动多模态语篇分析领域的进一步发展。本书为 2024 年度黑龙江省社会科学学术著作出版资助项目（项目编号：2024017 － B）。该资助为研究提供了坚实的支持，使本书得以深入探索多模态语篇分析的理论与实践领域，在此深表感激。

王正

哈尔滨学院外国语学院

2025 年 2 月

目　录

第1章　绪　论

1.1　研究背景

　　Kress 和 van Leeuwen 的《阅读图像：视觉设计的语法》(1996)一书，为多模态语篇分析提供了有力的理论工具，奠定了多模态语篇分析的基础。在过去二十几年产生了大量从社会符号学角度出发的多模态相关研究，从而确立了多模态研究的学科地位。国内外的针对多模态语篇的研究目前大致从六个不同视角进行：社会符号学分析（ Bateman and Schmidt，2012 ）、系统功能语法分析（Baldry and Thihault，2006；O'Halloran，2005）、多模态互动分析（Norris，2004，2011)、以语料库为基础的现场即席话语分析（Gu，2006，2009)和解析动态视频多模态语篇分析（Wildfeuer，2014；Wildfeuer and Bateman，2017)。前三种多模态的研究视角从本质上讲都属于社会功能角度的分析。社会符号学分析和系统功能语法分析的理论基础主要是 Halliday 的系统功能语言学；多模态互动分析的理论基础主要是 Scollon(1998；2001；2004)关于中介话语和实践结点分析的研究；以语料库为基础的现场即席话语分析的理论基础是 Argyle et al.（1981)提出的社会情境分析和 Scollon 的中介话语分析。

　　多模态语料库是现代语料库语言学和多模态研究相结合的新生产物。语料库语言学是从 20 世纪 70 年代开始的。20 世纪 80 年代后，随着计算机技术的发展，语料库研究发展迅速。自 20 世纪 80 年代语料库语言学学科被引入我国以来，语料库已成为国内语言学研究的一种重要手段，在教学、翻译、词汇、语义、词典和语法等方面都有广泛的应用研究。多模态语料库是语料库发展后期出现的新的语料库形式，只有十几年的历史。多模态语料库是指由音频、视频、图片和文字语料等多种信息集成，研究者可以通过多模态方式加工、检索和统计进行相关研究的语料库。在国外已经建成了一些多模态语料库，并在语料库建设和应用方面形成了一些成果（Knight，2009)。但已建成的语料库的标注模式各不相同，缺乏统一的理论指导和规范的标注模式，使得语料库的应用范围非常局限，在多模态视频语篇语类特征的研究方面还鲜有应用。国内多模态语料库的研究刚刚起步，比较重要的研究是顾曰国主持建立的"现代汉语现场即席话语多模态语料库"，该语料库包括社会活动、成人儿童对话、课堂、会议等多个子语料库，以该语料库为基础的研究已经产生了一些有影响力的研究成果(Gu，2006，2009)。但该语料库收集的语料主要是真实的现场即席话语的录音和录像，对于媒体中经过后期制作加工的视频类语篇没有收录。

目前语料库语言学的相关研究仍然主要是以语言为中心。多模态语料库作为一种新生的多模态研究方法还处在初级阶段，尤其是多模态视频语篇语料库，其理论和技术还处于起始阶段，还很不完善，在语料库的标注、检索和应用等方面都还有待进一步研究。国内、外建立的经过标注的多模态语料库的种类还很少，尤其是经过标注的多模态视频语篇的语料库更少，还远不能满足研究和应用的需要。除了中国科学院建立的"现代汉语现场即席话语多模态语料库"以外，国内很少有其他较大规模的标注过的多模态视频语料库。以网络时代新媒体语篇为主的经过统一标注的、并且能够根据语篇特征进行检索和统计对比的多模态视频语篇语料库目前还非常少见。所以，建立经过标注的可根据语篇特征检索和统计的新媒体视频语篇多模态语料库是当前语料库相关研究领域需要完成的重要任务之一。多模态视频语篇语料库的建设和应用研究虽然刚刚起步，但在这个视频交流手段变得日益重要的新媒体时代，其具有重要的理论和实际应用价值，是当前多模态研究的重要发展趋势，未来具有广阔的发展空间和应用前景。

1.2 研究意义

本书在完善多模态语篇分析理论的基础上，经过统一标注的、能够实现高效率检索和统计的静态图文和动态视频语篇的多模态语料库，并且利用所建的语料库进行视频语篇分析研究、语类特征研究以及语类对比研究等。由于目前国内经过统一标注的、并且能够根据语篇特征进行检索和统计对比的静态图文和动态视频语篇多模态语料库还不多，所以本研究既具有较强的理论意义，又具有重要的实际应用价值。

多模态语篇分析作为一个相对较新的理论领域，尚存在诸多不成熟之处及争议性问题，例如动态多模态语篇的模态组成和语法结构问题的缺失，动态多模态语篇的衔接机制、文体特征的描述方式，对于动态视频语篇如何进行积极话语分析和批评话语分析等。本研究对这些理论问题进行了深入探讨并提出了创新性的见解，为多模态语篇分析理论的进一步完善和发展做出了贡献。

在实践层面，本研究不仅着重于理论应用的研究，而且基于理论框架发展出具体的操作模式。本研究成功建立了静态图文语篇和动态视频语篇的多模态语料库，对多模态语篇分析的量化研究的发展和实践应用方面具有重要的促进作用。通过利用多模态语料库的检索和统计对比功能，对语料库内语篇的特征进行进一步的对比分析研究，可以归纳出多模态语类的特征，实现不同语类之间对比研究。以多模态语料库为基础的量化多模态语篇分析，使多模态语篇分析的研究结果更加客观可靠，进一步推动目前以定性分析为主的多模态语篇分析向定性和定量分析相结合的方向发展。

本研究的另一目的是创新多模态语料库建设的技术和方法，同时构建了适用于多模态语篇分析的积极话语分析模式、批评话语分析模式和多模态语类分析模式，为多模态语料库的理论与技术和多模态语篇分析的实践应用做出贡献。

在理论的跨学科应用方面，本研究尝试构建以社会符号学理论为基础的电影批评理论框架，目的是解决传统影视批评对电影意义解读的主观性过强的问题。

以本研究的语料库建设理论和方法为基础，可以进一步建立更大规模的、经过统一标注、能够进行检索和统计的、具有更大实际应用价值的语料库。本研究建立的静态图文多模态语料库和动态视频多模态语料库，在艺术设计和电视制作领域也具有一定的应用潜力。基于本研究的语料库理论与技术，未来有望构建一个更大的、经统一编码、便于检索与分析并具备广泛实用价值的语料库，为平面广告设计、书籍封面以及电视广告制作等提供数据支持和理论依据，使多模态语言学研究能够为经济社会的进步做出直接且实质性的贡献。

1.3 研究来源和目的

本书的研究内容部分来源于已经结题的黑龙江省哲学社会科学研究规划项目：新媒体视频语篇多模态语料库的建设与应用（19YYE300）。本书研究的目的包括以下几个方面：

（1）完善和发展多模态语篇分析的基本理论。厘清多模态语篇的类型与层次结构，深入探索多模态语篇符号间的衔接机制，建立完整的视觉符号和文字符号的衔接理论框架，完善多模态语篇的衔接理论。

（2）建立并应用了静态图文多模态语篇语料库。构建以多模态语料库为基础的语类量化分析方法，并以量化统计分析结果为基础对典型的多模态语类结构潜势框架进行描述，总结出详尽的多层次的平面广告、期刊封面等语类的框架结构，完善系统功能语言学的多模态语类分析方法。

（3）以自建多模态语料库为基础进行多模态语类的相关研究。首先是利用自建语料库通过量化统计的方法对多模态语类的语类特征进行总结、归纳。传统的线性语类结构特征主要包括语类步骤组成和排列顺序两方面，但是多模态语类结构是非线性的多维结构。多模态语料库通过对语篇上各个语类成分的布局结构的标注，以及每一个语类成分的布局特征的统计可以有效地归纳总结出多模态语类的二维语类结构特征。

（4）本研究以社会符号学理论的根本原则为基础，建立动态视频多模态语篇的社会情境分析模式。从语篇内语境层面、以社会情境为基本单位对动态视频多模态语篇进行分析，目的是通过分析揭示语篇背后的意识形态动机。在深入挖掘动态视频多模态语篇固有特点的基础之上，建立一个适用于动态视频多模态语篇的分析模式——社会情境动态视频多模态语篇分析模式，为多模态研究的理论发展做出贡献。

(5)对动态视频多模态语篇的模态进行归纳和分类。构建和论证动态视频多模态语篇的语篇意义的语法系统。构建描述动态图像、屏幕书写、口语和声音四种主体模态相互结合的系统。

(6)建立经过统一标注动态视频语篇的多模态语料库。以自建动态视频语篇多模态语料库为基础，通过量化统计的方法对动态多模态语篇的语类特征进行总结、归纳。并以所建立的语料库为基础进行相关的研究，通过对比分析发现不同视频语类社会情境模式的特征。通过对具体视频语篇实例进行分析，总结出特征，然后与语料库中通过检索统计得出的平均语类特征进行对比分析，从而揭示视频语篇意义系统和情境模式的选择与实现语篇目的之间的深层关系。对动态视频多模态语料库的理论和技术进行创新，推进多模态语料库语言学的发展。

(7)构建和论证动态视频多模态语篇的批评话语分析模式和积极话语分析模式。以语法分析为基础，解读动态视频多模态语篇的内涵。通过语法分析证实在词汇语法层面的不同的选择，不仅决定动态视频多模态语篇的叙述意义，同时会影响动态视频多模态语篇的内涵与意义。

1.4 研究的思路和方法

1.4.1 研究的基本思路

研究的第一步是分别建立静态图文多模态语篇语料库和动态视频多模态语篇语料库。语料库建成之后，在使用语料库进行语篇分析和语类特征研究时采用定性和定量相结合的研究方法，定性方法用于从具体多模态语篇实例中概括出规律性的语篇特征，而定量方法主要是利用语料库的检索功能和统计功能，对检索得出的数据进行统计对比，在量化研究的基础上验证定性研究方法得出的语篇或语类特征的正确性和适用范围等。两种方法相结合，使语篇分析和语类研究的结果更加客观准确。

1.4.2 具体的研究方法

静态图文多模态语料库的建设：按研究计划实地大规模地采集常见的十几种多模态语类的语篇样本，然后使用 UAM Image Tool 语料库软件把语料进行整体分类标注，初步建库。然后以视觉语法和系统功能语言学的语类理论为基础，建立针对语料切分段的标注规则系统，根据标注规则系统对语料库样本进一步从语类成分组成、布局结构、模态关系、语类成分特点等方面进行详细标注，从而建立经过系统标注的具有完善统计对比功能的多模态语料库。

动态视频多模态语料库的建设：首先按研究计划采集各种多模态视频语类的语篇样本，其次使用 ELAN 5.5 语料库软件把语料进行整体分类标注，初步建库。之后以视频语篇社会情境分析模式和系统功能语言学的语类理论为基础，建立针对语料切分段的标注规则系统，根据标注规则系统对语料库样本进一步从语类成分组成、布局结构、模态关系、语类成分特点等方面进行详细标注，从而建立经过系统标注的具有完善统计对比功能的多模态视频语篇语料库。在语料收集阶段采用抽样法收集语料样本，之后利用统计方法、分类方法等对语料进行处理，根据语类特征对搜集到的大量多模态视频语篇资料进行分析、综合、比较，通过定性研究方法初步总结出基本的语类特征，最后根据语类特征制定语料库的标注规则系统，根据标注规则系统对语料库中的视频语篇进行系统全面的标注。

语料库建成之后，在使用语料库进行语篇分析和语类特征研究时采用定性和定量相结合的研究方法，定性方法用于从具体多模态语篇实例中概括出规律性的语篇特征，而定量方法主要是利用语料库的检索功能和统计功能，对检索得出的数据进行统计对比，在量化研究的基础上验证定性研究方法得出的语篇或语类特征的正确性。

在研究中始终坚持以下几个基本原则：

(1)客观性原则：采集语篇样本时严格遵循随机抽样的原则，避免根据主观意向选择具有典型特点的样本，从而保证语料库中样本的客观性和代表性。

(2)规范性的原则：对语料库的标注坚持规范性的原则，当制定好标注规则以后，对语料库中同一类语篇的标注要严格遵循标注规则，保证标注结果的正确和规范，从而保证语料库检索结果的正确性和客观性，为语料库进一步应用奠定可靠的基础。

为了保证语料库的权威性，提高其实用价值，在语料库建设过程中在人力、物力允许的情况下尽量扩大语料库的样本容量，努力保证语篇样本库覆盖全面并且具有较大的规模。

1.5　研究的组织结构

本研究共由 14 章组成。

第 1 章介绍了论文的研究背景、研究意义、研究来源和目的、研究的思路和方法以及研究的组织结构。

第 2 章探讨了多模态语篇分析的理论基础。本章全面概述了多模态语篇分析的理论基础。主要包括系统功能语言学理论、社会符号学理论、多模态互动分析理论以及多模态语料库语言学理论。

第3章探讨了多模态语篇的类型与层次结构。从多模态视角对语篇进行了拓扑分类，提出并证明了"实现连续体"这一概念，同时还阐释了语篇相邻层次之间的"层次融合"现象。

第4章探讨了静态图文多模态语篇符号间的衔接机制，提出了较为完整的视觉符号和文字符号的衔接理论框架，并且对符号间的人际意义衔接和语境衔接做了深入的探讨。对态度系统衔接的论述，主要以多模态语篇的评价系统理论为基础。对于不同符号间语篇外部衔接——语境衔接的论述，主要是从文化语境和上下文语境两个方面进行的。

第5章通过使用语料库软件 UAM Image Tool 2.0 建立了期刊封面语类的多模态语料库，并进行标注和统计分析，在系统功能语言学的语类研究框架之下，对期刊封面这一多模态语类的特征进行归纳和描述。在语类结构潜势的基础上，提出了语类结构原型这一概念，并且勾画出期刊封面语类的结构原型，在一定程度上优化了系统功能语言学的语类分析方法。

第6章探讨了动态视频多模态语篇分析的研究方法，建立了针对社会情境层的有效的分析模式。对已有的动态视频语篇的分析模式进行了总结，然后在此基础上对视频语篇重新进行了定性描述，指出视频语篇包括本质、内容、形式和载体四个层次，视频语篇的本质是语境重构的社会情境，内容是社会行为，形式是连续播放的图片，载体是数字化文件。

第7章探讨了动态视频多模态语篇的组成结构。重点探讨了动态视频语篇的语篇内语境层的组成结构。对社会情境的结构以及在动态视频多模态语篇中的呈现模式进行了深入论述，以"视觉叙述语法"为基础确定了分阶段的社会情境在动态视频多模态语篇中的呈现结构。对与社会情境相关的基本概念进行了深入的论述，这些基本概念包括总情境、情境复合体、次情境等。还对社会情境中的社会活动的呈现模式进行了深入探讨。

第8章探讨了动态视频多模态语篇的模态结构和语法系统。从社会符号学角度提出并论证了模态的内嵌性，对电影语篇的模态结构和特征进行了阐释，指出电影语篇包括图像、书写、口语和声音四种主体模态以及多种内嵌模态。并在此基础上深入探讨了电影语篇在语法层面的结构模式，指出电影语篇的语法系统的本质是模态配置，包括模态选择、模态组合模式和模态关系三个方面，分别对应电影语篇的概念功能、人际功能和语篇功能。

第9章探讨动态视频多模态语篇的衔接机制。阐述了跨模态互动理论，然后通过对新闻和广告两个不同体裁的电视语篇，从衔接角度进行对比分析，发现不同体裁的电视语篇，在跨模态互动的关系类型、直接互动的衔接纽带的数量和比例以及视觉语篇的衔接项目的密度方面都有很大的差异。

第10章探讨动态视频多模态语篇的积极话语分析模式的构建与应用。构建了多模态语篇的积极话语分析模式，并以多模态语篇分析理论和评价系统理论为基础，对焦点访谈节目从积极话语分析角度进行了分析，构建了适用于动态多模态语篇的积极话语分析理论框架。该理论框架包括声音、感情和叙事三个方面，通过这三个方面的分析，可以揭示语篇在促成作者和语篇中群体与读者结盟过程的运作机制，同时拓展了评价理论在多模态语篇分析中的应用范围。

第 11 章探讨了动态视频多模态语篇的批评话语分析模式的构建与应用。针对动态多模态语篇的特点，初步构建了适用的多模态批评话语分析模式，通过将该模式应用于不同体裁的动态多模态语篇进行实例分析，验证了本研究所构建的分析模式的普遍适用性和阐释力。通过分析动态多模态语篇中社会情境成分的呈现模式特征，可以深入揭示语篇的深层意义和语篇背后的意识形态操控。

第 12 章探讨动态视频多模态语篇语料库的建设及应用。使用 ELAN 软件作为工具，建立了较大规模的、经过统一标注的、能够实现高效率检索和统计的新媒体视频语篇多模态语料库。每一个语料库中的语篇都依据自建的标注模式，进行了分层次标注。还构建了动态多模态视频语篇的语类量化分析模式，并且以建立的多模态语料库中的电视广告语类子语料库为基础进行了实例分析。

第 13 本章探讨多模态语篇分析的跨学科应用——社会符号学电影批评理论。以社会符号学和批评话语分析理论为基础，结合多模态语篇分析理论，构建社会符号学电影批评理论的分析框架，为学术影视批评的发展提供新的理论思考。以社会符号学电影批评理论为基础，分析电影对社会情境的重构模式，可以阐释电影的艺术价值、深层意义和电影背后的意识形态操控。

第 14 章是本书的总结和结论。对全书的研究内容、研究创新、研究意义、研究局限性进行了，并给出了研究结论。

第2章　多模态语篇分析理论基础概述

2.1　引言

多模态语篇是指通过听觉、视觉、触觉等多种感官，结合语言、图像、声音和动作等多样的手段与符号资源来进行交流的现象。这一现象早已存在并广为人知，例如，配图的诗歌，说话时的手势和表情以及使用的不同语调和声音等。尽管如此，多模态话语的重要性并未得到足够的重视。直到近代，随着语言学研究的深入，学者们开始关注非语言模态与语言模态相结合的重要性，但最初只被视作语言表达的辅助形式，而非作为独立的意义表达方式进行研究。然而，随着多媒体话语的出现，近年来，人们逐渐认识到多模态语篇的重要性，并将其作为一个独立的研究领域进行探索。在多模态语篇分析的早期研究中，R. Barthes 是其中的先驱之一。他在 1977 年发表的《图像的修辞》一文中，探讨了图像与语言在意义表达上的相互影响。多模态话语分析基于社会符号学的理论，以 Halliday 的系统功能语法为基础，视各种符号资源为既独立又相互协作的系统。在分析语言特征的同时，此分析方法还强调了图像、声音和动作等在话语交流中的重要角色。

这个领域有两本重要书目：一本是 O'Toole 的《展示艺术的语言》(1994)；另外一本是 Kress 和 van Leeuwen 的《阅读图像》(1996)。其中《阅读图像》的影响最大，因为它全面建立了多模态话语视觉符号的社会符号学分析基础。目前这个领域的研究发展很快，成果不断涌现，如：Kress 和 van Leeuwen（2001)建立了多模态话语这门学科的基本理论；Martinec（1998)研究了不同符号在多模态话语中的互补性，以及在第二语言课堂教学中多模态的协同性；Baldry 和 Thibault(2006)创设了很多分析和运用多模态话语的工具，被著名功能语言学家、悉尼大学的马丁教授评价为是这个领域创建以来，对多模态话语分析"最重要的贡献"。目前国外这个领域的研究十分活跃，研究领域已经涉及报刊(Kress 和 van Leeuwen 1998)、音乐(van Leeuwen，1999)、颜色(Kress 和 van Leeuwen，2002)、远程教育(Baldry，2000)、科学课堂教学(Kress et al.，2001)、超级文本(Lemke，2002)、当代媒体(Kress，2003)、日常生活交流(Norris，2004)以及广告、电影、体育解说(Baldry 和 Thibault，2006)等社会生活的各个方面。

　　本书主要关注社会符号学角度的多模态语篇分析研究，其理论基础主要包括系统功能语言学理论、社会符号学理论、多模态互动分析理论、现场即席话语分析理论和多模态批评话语分析理论。

2.2　系统功能语言学理论

　　系统功能语言学(SFL)，由 Halliday 提出，对多模态语篇分析的贡献主要在于其提供了一套分析语言如何在不同社会文化背景中实现意义的工具和框架。SFL 特别强调语言的三大功能：概念功能(用语言描述世界)、人际功能(语言在建立社会关系中的作用)和语篇功能(语言如何组织信息以实现沟通)。这一理论对多模态分析的影响在于，它促使研究者将这些功能性的视角扩展到非语言模态，如图像、音乐和手势等，从而探究这些不同模态如何协同工作以构建复杂的社会意义。SFL 为理解和分析多模态文本中各种符号资源如何相互作用提供了理论支持，推动了多模态分析领域的发展。

　　多模态话语分析理论是基于系统功能语言学理论(SFL)所构建的，从而吸纳了语言作为社会符号的思想、元功能理论、语境理论、系统理论、层次理论以及语域理论等核心概念。在探究多模态话语时，研究者特别关注各种非语言符号系统，如图像和色彩，强调这些模态系统的系统性和多功能性。多模态话语自身也同时实现三大元功能，即概念功能、人际功能和语篇功能，这些功能受到语境因素的影响，在意义的解构中起到关键作用。

　　(1)系统功能语言学理论适合于多模态语篇分析的原因

　　系统功能语言学理论之所以特别适合于多模态语篇分析，原因包括但不限于以下几点：首先，它不仅关注语言的内部机制，也重视外部环境、动因以及语言实现意义的特性；其次，将话语的意义和功能视为研究的核心，促进了对语言符号系统的深入、系统和全面探讨；最后，认识到意义的实现依赖于多种模态，其中语言可能并非总是最佳选项。各种模态在不同语境下展现出多样的意义和作用，是多种模态相互作用的结果，系统功能语言学将这些复杂的模态关系纳入同一理论框架进行研究。

　　Halliday 在其著作中提出，语言是能够体现"意义潜势"的社会符号系统，其语法是产生意义的资源。这表明，除了语言，图像、声音、色彩等符号也能传递意义，为多模态的意义结构和解构提供了理论依据。系统功能语言学不仅适用于语言符号系统的研究，也能描述和解释所有其他社会符号系统。

　　系统功能语言学认为语言具有三大元功能："概念功能"表达个人经历和内心活动；"人际功能"展现讲话者的身份、态度和评价；"语篇功能"则负责信息的组织和传递。这一理论虽源于语言研究，但实践证明，其同样适用于其他模态资源的研究。因此，系统功能语言学为多模态语篇分析提供了坚实的理论基础，特别是在整合语言、图像和其他符号系统的研究中。

（2）系统功能语言学核心理论在多模态语篇中的体现

概念功能：在多模态分析中，这一功能涉及如何通过不同模态（如图像、文字）表达世界观和经验。例如，一张图片可以表达特定的事件或情境，文字则提供补充细节或背景信息。

人际功能：多模态文本通过视觉选择、语气、评价语言等手段建立与接收者的关系。例如，直接注视观众的视觉元素可以创造一种互动感。

语篇功能：在多模态语篇中，语篇功能关注如何组织信息以确保文本的连贯性和一致性。布局、颜色使用、图形和文字的组合都是实现这一功能的手段。

系统与选择的观点：系统功能语言学将语言视为选择的系统，这一观点也被扩展到多模态语篇分析中。每种模态（如图像、文字、布局）都被视为一个具有潜在选择的系统，这些选择依赖于社会语境和交际目的。

语篇语义学理论：SFL通过其语篇语义学分支，为理解多模态文本中的意义提供了工具。这包括分析图像、文字等如何共同工作以产生意义，以及它们如何相互关联以构建语篇。

语境理论：SFL强调语境在交际中的作用，这一点在多模态分析中尤为重要。理解多模态文本的意义需要考虑其产生和接收的具体社会语境，包括文化、社会身份和交际目的等。

跨模态转换理论：系统功能语言学的理论支持跨模态转换的分析，即如何将一个模态的内容转换为另一个模态，同时保持意义的连贯性。这对于理解数字媒体时代信息呈现的复杂性至关重要。

2.3　社会符号学理论

2.3.1　社会符号学理论的起源

多模态话语分析理论深植于社会符号学的沃土中，后者作为符号学的一个重要分支，关注符号在特定社会和文化语境中的实践和意义。在符号学领域，索绪尔和皮尔斯的工作奠定了理论基础。索绪尔通过区分"能指"和"所指"，强调了语言符号内在的结构和意义的关联性。他的研究虽主要聚焦于语言的结构，但也为理解符号如何在社会中传递意义提供了框架。皮尔斯则从更广泛的视角出发，探索了符号的三种基本类型，即图像、索引、象征，并强调了符号如何代表对象和如何被解释的重要性。他的工作扩展了符号学研究的边界，包括非语言符号在内的广泛符号资源。

社会符号学反对符号学研究中的形式主义倾向，提倡将符号的研究放在具体的社会、文化语境中进行。这一转变强调了符号实践在社团中的角色和意义的构建过程。在这一理论框架下，语言被视为众多符号系统中的一个，其他如图像、声音、色彩等符号资源同样重要。社会符号学认为，所有这些符号资源在社会交际中共同工作，传递讲话者的意义，从而构成了人类交际的多模态本质。

在系统功能语言学的背景下，Halliday 的贡献特别重要，他提出了社会符号学的概念，反对将语言视为脱离社会的独立系统。他将语言看作是具有三个元功能的系统，即概念功能、人际功能和语篇功能，这些功能反映了语言在社会交际和社会结构中的作用。Kress 等学者在此基础上进一步发展了社会符号学理论，强调视觉、听觉、身体姿态等所有符号资源在社会资源构成中的作用。Kress 等的观点是将视觉、听觉、身体姿态和动作等所有符号资源视为与语言等同的社会资源模态，这些资源在使用中共同构成了社会的符号体系。这种观点挑战了传统上将语音语调、身体姿势、动作和目光注视等视为"非语言"的做法，这些非语言元素在传达意义方面被认为无法与语言相比。然而，多模态话语分析理论提升了这些非语言符号资源的地位，使之与语言资源处于同一层面，强调探究它们各自的意义表达形式及其相互之间的关系。

这种方法论的转变指出，虽然索绪尔曾经注意到"语言是社会事实"的现象，但他并未将其作为研究的重点。相对地，社会符号学理论对此进行了深入探讨，强调语言应该被置于其社会语境中进行分析和理解。这一理论框架认为，语言不仅能够表达意义，还能够符号化和反映社会结构与系统，其双重功能确保了意义表达的多样性和丰富性。

多模态话语分析理论认为所有形式的符号资源——无论是语言的还是非语言的——都在社会交流中发挥着至关重要的角色。它们共同构建了我们交流的复杂网络，其中每种模态都携带特定的意义潜力，并且在不同的社会和文化环境中以不同的方式被激活和理解。这种方法不仅拓宽了我们对语言和其他符号系统的理解，也为分析和评价现代多模态交际提供了强有力的工具。

2.3.2　社会符号学理论的发展

系统功能语言学的创始人 Halliday(1978)首先提出了社会符号学概念。他反对传统的将语言与社会分离的做法，开创了"符号学"途径，并实际应用于实例分析，将语言学研究扩展到书面语之外。对于 Halliday 而言，语言作为"意义潜势"系统而进化(Halliday，1978)，或者作为影响说话者在某一特定社会语境中使用语言做事的资源。语言是具有三个元功能的系统：概念功能(ideational)，表现关于世界和社会交际中的社会活动；人际功能(interpersonal)，说明社会中不同角色参与者的某种社会和人际互动关系；语篇功能(textual)，将这些概念和互动关系组织成有意义的语篇，并且使之与语境相关。

Halliday 的社会符号学理论将语篇及其词汇语法体现形式与更高层次的语义、情景语境、文化语境以及更高层次的社会符号编码相连。Kress 等应用并发展了 Bakhtin(1973，

1981)对话性(dialogicity)和社会多语性(social heteroglossia)等概念，从而发展了社会符号学理论。Lemke 在系统功能语言学框架之内所作的研究发展了篇际主题构成(intertextual thematic formation)和社会活动结构(social activity－structure)概念。

社会符号学理论的发展得益于多位学者的贡献，包括 Jim Martin、Terry Threadgold、Paul Thibault、Gunther Kress、Bob Hodge、Jay Lemke 等，他们在系统功能语言学的框架内进一步阐释和发展了该理论。Theo van Leeuwen 和批判话语分析的研究者如 Norman Fairclough、Ruth Wodak、Teun van Dijk 等，也对社会符号学理论做出了重要的贡献，使之成为理解和分析多模态话语中符号如何工作、如何构建意义的有力工具。

2.3.3　社会符号学理论的特点

社会符号学理论，作为适用符号学理论，提供了一套丰富的概念框架，专注于符号在社会交际和互动中的应用。其适用性体现在以下几个关键方面：

社会性：社会符号学强调符号的使用是社会互动的一部分，意味着符号的意义不仅来源于它们所代表的对象，还来源于它们在特定社会和文化语境中的使用。这个视角认识到符号的意义是由社会构建的，反映了符号如何在人与人的互动中获取其社会性质。

系统性：社会符号学将符号视为相互关联的系统的一部分，每个符号不仅单独存在，而且是一个更广泛的符号系统中的元素。这种系统性视角有助于理解不同符号如何相互作用，以及如何作为一个整体来传达意义。

适用性：正如其名称所暗示的，适用符号学理论特别强调理论的实际应用。这意味着理论不仅解释符号如何在社会中工作，还提供了分析和解读社会交际实践的工具。

跨学科性：社会符号学吸纳了来自语言学、心理学、社会学、人类学和其他学科的见解，提供了一个跨学科的视角来研究符号。这种跨学科性质使得社会符号学能够在不同领域中找到应用，从文本分析到媒体研究，再到社会互动研究。

动态性：社会符号学理解到符号的意义不是静态的，而是在不断的社会交际过程中演化的。这种动态性视角有助于理解符号如何适应并反映社会变化。

多模态性：社会符号学特别重视除了语言外的其他符号资源，如图像、声音、手势等，以及这些符号如何协同工作来传达意义。这种多模态视角认识到人类交际是复杂的，不仅依赖于语言，还依赖于其他多种模态。

社会符号学的这些特点共同构成了其理论的核心，不仅提供了对社会交际复杂性的深刻理解，也为研究符号在不同社会和文化语境中的作用提供了强大的分析框架。社会符号学将符号视为在社会交际中应用的资源，强调符号的使用不仅取决于其历史被使用的方式，也依赖于其在特定社会语境中的潜在可用性。这种视角认识到，符号的价值和意义不是固定不变的，而是动态发展的，依赖于使用者对它们的认知、需要和兴趣。在社会符号学中，符号的理论符号潜势指的是符号因其过去的使用方式和潜在的可用性而具备的潜在能力，而实际符号潜势则强调了符号因被实际和潜在的使用者知晓并视为相关而具有的价值。在这一理论框架下，符号的使用被视为一种资源的动态利用，这些资源包括可观察到的行动和对象，其意义和功能在不同的社会语境中可以发生变化。社会符号学特别关注如何运用这些资源以实现有效的交际、社会参与和行动。

社会符号学理论强调，任何特定的符号系统的建立和使用都必须在其具体的社会语境中考察，因为符号的意义生成和理解是与特定的社会、文化和交际环境紧密相关的。符号的供用特性，即符号如何在不同的语境中被使用来传递意义和实现交际目的，是社会符号学分析的核心。社会符号学的这种方法论不仅提供了一种理解符号如何在社会中操作的途径，还为研究和设计有效的交际策略提供了理论基础。为了有效地实现交际和社会任务，我们必须考虑到符号使用的社会语境、使用者的特定需要和兴趣，以及符号本身的动态潜能。这种理论视角促进了对符号如何在实际生活中发挥作用的深入理解，强调了符号学研究应当超越符号系统本身的结构，更多地关注符号在社会实践中的应用和作用。

2.4　多模态互动分析理论

多模态研究属于一个涉及多种不同的研究领域和方法跨学科的研究领域。其中主要的研究方法之一———多模态互动分析方法，已经在国内外得到较为广泛的认可。Jewitt (2009)认为多模态互动分析方法、社会符号学分析方法、系统功能语言学分析方法共同为多模态研究的三种主要方法。Djonov 和 Zhao（2014)也认为多模态互动分析方法是和社会符号学方法并立的多模态研究方法之一。但在国内只有少数学者对于多模态互动分析做过简单介绍(辛志英，2008；张佐成和陈瑜敏，2011)，还未见较为系统全面的介绍，这使得多模态互动分析方法在国内没有得到应有的重视。近年来多模态互动分析方法发展迅速，其代表人物 Sigrid Norris 发表了一系列的相关论文和著作(2004，2005，2007，2009，2011)等，使得这一分析模式日趋完善。Norris 在 2004 年出版的《多模态互动分析：一个方法框架》(Analyzing Multimodal Interaction：A Methodological Framework)一书构建了多模态互动分析的基本理论框架，之后在 2011 年出版的《互动中的身份构建—多模态(互动)行为分析导论》(Identity in（Inter）action：Introducing Multimodal Interaction Analysis)中全方位的应用了这一理论框架，从理论方法和实践应用方面进一步完善了多模态互动分析模式。本文以 Norris(2004，2011)的研究为基础，全面介绍多模态互动分析的理论框架和操作方法，然后进行实例分析，并总结了目前该理论的不足之处以及未来的发展方向和应用前景。

2.4.1　多模态互动分析的理论基础

多模态互动分析源自话语分析，两者都是由科技的发展而驱动。录音设备的普及，使得针对自然发生的口语的话语分析得以实现；数码录像机的普及，使多模态互动分析成为可能。因为多模态互动分析的具体操作方法就是用录像设备记录现实中发生的互动行为，对视频语篇进行转录，然后进行具体的分析。

多模态互动行为分析的最主要理论基础是 Scollon(1998，2001，2004)关于中介话语和实践结点分析的研究，以及互动社会语言学和社会符号学方法的多模态相关研究。

多模态互动分析属于整体分析(holistic analysis)，与传统的以语言为中心的话语分析不同，这种方法是以介入性行为(mediated action)为分析单位，在分析时同时考虑语境和环境(Norris，2011)。将话语分析无法进行具体操作的语境(环境)的分析具体化，认为环境是凝固活动，是多模态互动分析的基本单位的一种类型。

多模态互动分析还以视觉分析和话语分析为基础，认为语言只是实际交流过程中起作用的一种模态，在分析时把目光(gaze)、手势(gesture)、身体姿势(posture)等非语言的交流模态考虑在内，分析时能够深入揭示各种模态之间复杂的相互作用。

2.4.2　多模态互动分析的关键术语

活动是多模态互动分析的基本单位。活动划分为高层活动(higher－level actin)、低层活动(lower－level action)和凝固活动(frozen action)。一次谈话、一顿晚餐都属于高层活动。而一次谈话中具体使用的某一个手势、表情等属于低层活动，低层活动是交流模态的最小意义单位。高层活动是通过多种连续的低层活动以不同的方式互相连接和作用而形成的，同时低层活动也是为实现某一具体的高层活动而产生。一种高层活动可以内嵌于或者说包括在另一种高层活动中，例如一次谈话可以包括在一顿晚餐中。

具体的社会活动发生的环境和环境中的物体也被视为交流的模态，这些是持久的物质化的模态，被称凝固活动，因为活动凝结其中。例如一次谈话发生在餐厅，餐厅中的桌椅、桌子上的书籍、信件等都是凝固活动，因为凝结了摆放桌椅、书籍等之前发生的具体活动。凝固活动也是活动的一种形式，是多模态互动分析的内容。高层活动和凝固活动通常是由几种模态共同完成，而低层活动是通过一种模态完成的。(Norris，2009)

凸显(saliency)这一原则在分析凝固活动时起关键性的作用。社会活动者对物体和环境凝固活动赋值通常以凸显度为原则。也就是我们在认定某一个物体所凝固的活动时，通常遵循时空最近原则。例如当你进入房间看到桌子上有一封信时，通常你所想到的这封信所凝固的活动是和你一起居住的人把信放到了桌子上这一活动，而不太可能是邮递员分拣信件、送信等活动。因为前一种活动在时空上与你最近，后一种活动则较远。但你也有可能更感兴趣的是这封信是什么时候发出来的，谁写的，这时候你对这封信赋值的活动就是在时空上距离你较远的活动。具体是哪一种赋值取决于凸显这一原则。

多模态互动分析的基本单位是中介活动(mediated action)。活动总是通过中介手段才得以实现的，所以任何活动都是中介活动。中介手段在多模态互动分析中也称为文化工具，两个词语表达同一意义，可以互换。中介手段或文化工具是指任何充当介质的符号物体。由于社会活动通常是通过多重中介手段而实现的。例如一次谈话这一社会活动的中介手段包括：谈话发生的社会－时间－空间，谈话时活动者的姿势、手势、注视、口语语言、物体使用(object handling)以及房间布局、家具和桌上的物品等。通过研究活动者如何操控各种中介手段或交流模态，例如语言、手势、注视、房间布局等，可以让我们深入了解社会活动者的身份结构。

社会符号学方法的多模态研究认为意义是通过物质的、有规则的中介手段实现的，当这些物质的中介手段获得了社会意义，形成了规则(或是"语法")，就成为一种模态(Kress 和 van Leeuwen，2001)。模态是表达意义的有规则的中介手段，例如语言、图像、音乐等。模态从社会符号学角度是表达意义的资源，从多模态互动分析角度来看是中介手段。

多模态互动分析术语中的中介手段或文化工具的意义与社会符号学中模态这一概念的意义相似，但前者的意义范围比后者更为广泛，还包括那些没有明显规则性的不能称为模态的物质中介。以 Kress 和 van Leeuwen 为代表的社会符号学多模态研究关注的焦点是各种模态是如何表达意义的，多模态互动分析关注的是活动者如何使用这些模态实现社会活动的，前者研究的焦点是模态本身蕴含的规则，后者研究的焦点是使用各种模态的规则。(Jewett，2009)

衔接面是 Scollon 中介话语分析理论中的一个概念。Norris 沿用了这一概念并对其做了重新定义。衔接面是社会实践和中介手段交互作用使具体的社会活动得以发生具体的社会－时间－地点(social－time－place)。衔接面使活动，包括高层、低层和凝固活动得以发生，同时这些活动又是衔接面的组成部分。无论是对活动的参与者还是研究者，活动都是可以感知的。衔接面是一个通过社会实践和中介手段的交集打开的一个真实时间的窗口使低层或高层活动成为参与者注意的焦点，并且进一步辐射到其他社会实践和中介手段的交集所形成的次一级的注意焦点的低层或高层行为。

前景和背景连续体。前景和背景这一术语起源于艺术特别是音乐术语，音乐通常由前景音乐和背景音乐组成，人们听音乐时注意的是前景音乐，虽然可以同时听到背景音乐，但是通常不会给予关注。Norris 采用了 Murch 使用的音乐术语——前景、中景、背景，同时加入了连续体这一概念。因为社会活动比音乐更加复杂，仅仅分为前景、中景和背景三个层次是不够的，高层活动在前景和背景之间所处的位置也不是固定的。

由于活动者通常会同时进行一系列的活动，但是对于不同的活动给予的关注程度不同。活动者通常以一种高层活动为关注焦点，同时给予其他同时进行的高层活动不同程度的次一级的注意力。例如 Andrea 和 Kate 两个人的谈话，他们的意识焦点是谈话这一高层活动，所以谈话是前景活动；因为谈话时两人的孩子在旁边不远处玩，所以两人谈话时也同时照看着自己的孩子，对于照看孩子这一高层活动，两人并没有给予过多关注，甚至对进行的这一高层活动没有意识，所以照顾孩子这一高层活动属于背景活动。

社会活动分析的起点是焦点社会活动(focus action)，也就是前景高层活动，具体衔接面是由焦点社会活动确定的，分析过程由这个衔接面进一步辐射到活动者进行的但没有注意或没有意识的属于中景或背景的活动。例如 Andrea 和 Kate 两个人的谈话，首先分析的是处于前景的谈话活动，而后辐射到照看孩子这一活动，进一步分析房间的布局、桌椅、桌子上摆放的物品等凝固活动。对处于前景、背景连续体中不同注意程度的活动的分析可以反映出活动者不同的身份特点，例如谈话活动反映了 Andrea 和 Kate 之间的朋友身份，照看孩子这一活动反映她们的母亲身份，房间的布局、桌椅、桌子上摆放的物品等凝固活动，可以反映她们的中产阶级身份以及具体的职业身份等。

模态密度（modal density）是一个反映高层活动的模态强度（modal intensity）和模态复杂程度（modal complexity）的概念。在一个高层活动中处于首要作用的模态是高强度模态，所以也是高密度模态。例如打电话时主要使用口语模态，所以口语模态在打电话这一高层活动中是高密度模态。模态密度同时也指高层活动中使用的模态的复杂程度，例如晚餐时母亲照顾几个孩子用餐，这一活动要使用多种模态，口语、注视、手势、物体操作、身体姿势等多种模态，所以用餐这一活动的模态密度高。模态密度与活动者在交流过程中对高层活动的注意程度呈正相关。高、中、低三种模态密度分别对应前景、中景和背景活动。高层活动的模态密度随着活动者对活动的注意程度的下降而下降。

模态密度是一个相对概念，一个社会活动者同时进行几种高层活动，对哪一种活动给予较多的注意力（焦点高层活动）、较少的注意力（中景高层活动）、更少的注意力（背景高层活动）只是相对而言的。

模态密度在互动的两个活动者之间会产生不匹配现象。进行同一高层活动互动的两个参与者，一个活动者可能给予较多的注意力，属于高模态密度的焦点活动，另一个可能给予较少的注意力，对她来讲活动属于中模态密度的中景活动。例如 Andrea 和 Anna 两人谈话时，Andrea 主要注意力投入到谈话中，而 Anna 只是用目光和 Andrea 交流，主要注意力在写账单上，对于 Anna 来讲谈话这一活动属于中模态密度的中景活动，对于 Andrea 来讲谈话这一活动属于高模态密度的焦点活动或前景活动，这就是模态密度的不匹配的现象。

语义或语用手段组织和衔接前景高层活动，同时也控制某一高层活动进入活动者的注意中心，高层活动的转换会使活动者的身份特征焦点发生转换，例如寻找商品时活动者的身份特征是购物者，转头谈话时的身份特征是对方的朋友。在真实生活中活动者通常是连续交替的进行多种前景高层活动，分析时如何切分连续的活动，或者说如何确定一个高层活动的起点和终点，需要借助语义或语用手段。一些明显的低层活动，例如转头、手指或手掌敲击、注视转移等，对前景化的高层活动起着调节的作用，这些是明显的低层活动，是标示前景高层活动转换的信号，称为语义或语用手段。语义或语用手段的功能首先是在语义上结束一个前景高层活动，其次是在语用上表达前景高层活动将要转向其他的参与者。例如两个人在超市边购物边谈话，寻找商品时注视货架上的商品，谈话交流时转过头来注视对方，转头和注视转换就是衔接寻找商品和谈话这两个不同高层活动的语义或语用手段。

模态配置是表示各种模态在高层活动中的层级体系或重要程度的概念。Norris 通过对几个不同的问题的回答来确定高层活动的模态配置。哪些模态是必需的？所有模态中哪种模态比其他模态都重要？哪些模态对于完成高层活动不是必需的，但活动者仍然在使用？例如一次谈话这一高层活动必需的模态有口语、目光、面部表情、身体姿势等。口语模态比任何其他模态更为重要，处于第一层，目光、头部动作、手势、面部表情、身体姿势等互相关联，使用一种模态时往往需要同时使用另一种模态，处于第二层；手中拿的物体（例如一支笔）、背景音乐等是与谈话不相关的模态，但是活动者谈话时仍然使用了这些模态，这些模态的作用处于最底层。不同高层活动的模态配置是不相同的。

2.4.3　多模态互动分析的操作方法

多模态互动分析主要采用定性分析的方法，资料收集取决于研究的理论基础、研究方法和目的。Norris 建立的多模态互动分析框架是她多年前在对两位德国妇女的身份特征进行民族志的调查研究个案过程中建立的。她采用了人种志的田野调查方法，对两个案例长达一年的纵向田野调查研究，收集了有关活动者的大量资料，包括录音、录像、讨论、社会语言学访谈记录、照片、被调查者的自我描述等内容。分析时主要以录像采集的视频资料为主，以其他资料为辅助，分析的目的是研究活动者的身份特征。

收集资料时除了通过摄像机采集的某一具体的衔接面的社会活动的视频资料以外，还需要通过做田野笔记（fieldnote）等进行辅助的数据记录和资料收集，因为摄像机的记录范围是有限的，例如用摄像机记录一次在餐厅里进行的一次家庭晚餐这一社会活动时，可能在院子里还有一条狗，而活动的参与者可能对狗做出反应，所以田野笔记中要把院子里有一只狗这一事实记录下来，在分析时会用到这一信息。以一次家庭晚餐为例，数据记录的内容大致应包括：录像的具体时间、地点、参与者、谈论话题和内容、食物、活动发生的场景的基本情况以及每一个参与者的基本情况等。

数据转录：Norris 认为转录是分析的第一步，转录的脚本是进一步分析的基础。转录时尽量将各种模态区分开来。首先应该对语言、空间关系、姿势、手势等各种模态分别进行转录，然后将两种或多种重叠较多模态的转录脚本合并，最后将全部的转录脚本合并。

对空间关系、姿势、手势等模态采取以屏幕抓图为主的较为灵活的转录方法。基本原则是能够通过不同抓图的对比反映具体活动，例如空间关系、姿势、手势等的转录方法是，首先选择活动起始点截图，然后选择活动的最高点和最低点截图，这样可以通过不同图片中活动者的动作对比反映活动内容。每一个视频截图都标注具体时间。活动者所讲的话语通常以脚本形式标注在截图上，通过脚本字体的曲折、大小、是否加粗、字间距等变化使音高、语调等视觉化。对于注视等模态在截图上用箭头标注注视方向。由于在自然互动中姿势、手势、注视转换等发生的时间并不规律，所以每一个抓图的间隔时间也不固定。

目前对多模态互动分析的应用主要集中在有关活动者身份构建方面的研究，这也是

Norris 建立这一分析模式的初衷，未来需要把这种分析框架应用到其他的研究目的。

2.5 多模态语料库语言学理论

2.5.1 多语料库语言学的起源和发展

多模态语料库是指包括声音、图像和语言等多种模态的语料库。语料库中的语篇包括音频、视频、图片和文字等多种模态的符号，对于语料库中的语篇可以进行不同层次和不同模式的标注，并且可以对标注结果进行检索和统计，进行相关的研究。建立多模态语料库的目的是把语言以外的表达意义的模态纳入语料库中，实现量化分析。

语料库语言学是从 20 世纪 70 年代开始的，以 BROWN 语料库为代表的语料库是这个时期国外的第一代语料库。20 世纪 80 年代后，随着计算机技术的发展，语料库开始在世界范围内开始快速发展。由 Harper Collins 出版社与英国伯明翰大学合作开发的 CO-BUILD 语料库是第二代语料库的典型代表。自 20 世纪 80 年代语料库语言学学科被引入我国以来，语料库已成为国内语言学研究的一种重要手段，在教学、翻译、词汇、语义、词典和语法等方面都有广泛的应用研究。

多模态语料库是语料库发展后期出现的新的语料库形式，虽然只有十几年的历史，但近年来语料库相关的研究也呈现出向多模态化方向发展的趋势，多模态语料库已经逐渐成为语料库研究领域的热点。多模态语料库是指由音频、视频、图片和文字语料等多种信息集成，研究者可以通过多模态方式加工、检索和统计进行相关研究的语料库。在国外已经建成了一些多模态语料库，并在语料库建设和应用方面形成了一些成果(Knight，2009)。

国内多模态语料库的研究刚刚起步，比较重要的研究是顾曰国主持建立的"现代汉语现场即席话语多模态语料库"，该语料库包括社会活动、成人儿童对话、课堂、会议等多个子语料库，以该语料库为基础的研究已经产生了一些有影响力的研究成果(Gu，2006，2009)。"阿尔茨海默病老人话语多模态语料库"收集的语料主要是真实的现场即席话语的录音和录像，对于媒体中经过后期制作加工的视频类语篇没有收录。我国的多模态语料库建设还在起步阶段，近年来，国内有学者也陆续研制了特色各异的多模态语料库，如汉语儿童多模态口语语料库，以英语教师教学录像为材料构建的多模态教学语料库等。

2.5.2 多模态语料库语言学的理论基础

Bateman(2008)提出了一个多层次的多模态语类分析框架(GeM 模型)。这个 GeM 模型包括 6 个层次：基础层(主要分析页面可见的基本物理元素)、布局层(主要分析语篇的版式特点和结构)、修辞层(主要分析页面各元素所表达内容之间具体的修辞关系及各自的交际目的)、导航层(主要分析引导页面阅读的元素)、体裁基础层(将其他层次的元素进行归类,从而能在属类上辨别特定的语篇体裁类型)和内容层(传递与内容相关的信息结构)。Batman 认为语类是社会实践通过具体的语言表达方式的实现,语类包含非语言的语类步骤,并且受到载体、生产过程和消费过程的约束,也就是说某一语类只受到最外围有关语言形式方面的约束。Bateman 的多模态语类观认为语类除了受到语言、布局、同类产品的设计等方面的约束外,还受到内层载体和生产与消费过程的约束。

Bateman(2008)提出的多模态语篇语类分析模式主要针对图文组成的印刷多模态语篇,他认为对书面多模态语篇可以从五个层次上进行描述,他把书面多模态语篇视为"多层次的符号制品",并对其展开多层次的描述和分析。Bateman(2008)的多模态语类观,为多模态语料库的建设提供了理论支持,使得多模态语料库的建设和标注在理论层面找到了方法和根据。

顾曰国在现场即席话语语料库和多模态语料库标注及检索方面的理论研究,提供了动态多模态语料库构建和利用的重要理论基础。顾曰国提出了一种将动态多模态语料库的标注文件形成检索系统的方法,这为动态视频语篇语料库的标注结果检索提供了有效的解决方案。这种方法使得研究者能够构建专门用于特定研究目的的小型多模态语料库,并能对标注结果进行有效检索。

ELAN 软件的开发进一步提供了动态多模态语篇语料库建设的技术支持。作为一个专门针对视频语篇进行标注和统计的软件,ELAN 使得视频和音频文件的多层级同步标注成为可能。其标注范围广泛,涵盖了话语内容的转写、语音、语调、动作、表情、体态、手势等,从而实现了标注与图像、声音、文本的精确同步,并支持即点即播功能。研究者可以根据研究目的设计标注规则,自定义标注的层级和顺序,并能够进行跨文件和跨库的搜索与统计,便于进行标注之间的对比研究。

顾曰国提出的角色构建概念,旨在对参与人、物、场景布置等相关角色之间的相互关系进行深入研究与描述,构建各种角色互动的模型。这种方法论认为人类互动是一种饱和的人类经验,可以从多个视角观察以获得有效数据。多模态话语分析将人类互动视为在特定时空中发生的社会行动,关注的是社会活动或社会情景的完整性。活动类型、任务/铺垫的概念用于描述和理解社会情景、活动类型和个体行为之间的关系,构建了一个包括社会心理层面和个体行动层面的理论框架。

顾曰国的理论为多模态话语分析提供了一种系统化和动态化的分析方法,特别是在处理复杂的人类互动现象时,这种方法论突出了多模态资源在社会交际中的作用和互动的多维性。通过这种理论和技术的结合,研究者能够更深入地探索和理解多模态交际的复杂性和动态性。这种多模态话语分析方法采用了一种非常细致和系统化的方式来处理和解析人类互动,将人类互动视为发生在特定时空背景下的社会行动。通过这种解剖学式的思路,它深入探讨了社会活动或社会情景的全貌,强调了人类互动的复杂性和多维性。以下是这种分析方法的核心组成部分和工作流程的概述。

社会心理层面(sociopsychological layer)：这一层面强调人类互动的社会情景和活动类型。社会情景作为个人与社会之间的桥梁，其结构目的决定了活动的类型和具体的行动方向。活动类型，被定义为文化认可的活动范式，指导着特定社会行动的性质，区分为任务(核心目的的行动)和铺垫(边缘目的的行动)。这一层面的分析帮助理解个体行为如何被社会情境所框定和驱动。个体行动层(individual behavior layer)：此层面专注于互动中的具体行动，包括说话、做事或二者的结合。在这一层面上，行动进一步被细分为具体的行为模式，这些模式可以是言语的、动作的，或者是非语言的韵律单元(如声音的调调、强度等)，展示了个体如何通过各种方式参与社会互动。

顾曰国的理论框架提供了一种全面的方法来描述和分析人类在社会情景中的互动模式。通过将社会情景、活动类型以及具体的个体行动细分为不同的层级和类别，这种方法不仅增强了对社会互动复杂性的理解，也为研究人类行为提供了丰富的分析工具。特别是在多模态话语分析中，这种框架促使研究者考虑到除了言语之外的多种交际方式，如动作、表情、体态和手势等，这些都是构成人类社会互动不可或缺的元素。通过这种综合性的分析，研究者能够更深入地探索和理解人类在特定社会文化背景下的交际行为和互动模式。

2.6 结 语

本章全面概述了多模态语篇分析的理论基础，主要包括系统功能语言学理论、社会符号学理论、多模态互动分析理论以及多模态语料库语言学理论。

系统功能语言学核心理论在多模态语篇分析中都能够被合理扩展和运用。语言的三大元功能理论、语篇语义学理论、语境理论、跨模态转换理论等都为多模态语篇分析提供了理论基础。社会符号学理论作为一种适用性语篇分析理论，为多模态语篇分析的实际应用提供了指导框架。本章还详细讨论了多模态互动分析方法，包括关键术语和操作方法，展示了如何通过分析人类互动中的非语言模态来研究社会活动和身份构建。探讨了多模态语料库的起源、发展和理论基础，强调了多模态语料库在收集、标注和分析包含声音、图像和语言等多种模态的语篇中的作用。

第 3 章　多模态语篇的类型与层次结构

3.1　引　言

在系统功能语言学(SFL)内部，存在 Halliday 和 Martin 分别构建的两种区别明显的语境和语类模型。本章提出了多模态视角的语篇拓扑分类模型，论证了语篇不同层次之间的实现过程是沿着连续体进行的分级重新编码过程——即"实现连续体"；在语域和语义层次之间存在一个篇内情景语境层，通过区分篇内与篇外情景语境这两个层次，完善了 SFL 的语境理论，并为 SFL 内部两种不同的语境和语类模型的长期存在提供了合理的解释。文章还提出并阐释了语篇相邻层次之间的"层次融合"现象。最后，以电影语篇为例，进一步阐释了"实现连续体"和"篇内情景语境"两个概念。

社会符号学多模态语篇分析的理论基础是 Halliday(1973，1978，1985)所建立的系统功能语言学理论。然而，在 SFL 内部，仍然存在一些未解决的争议，其中之一就是 Halliday 和 Hasan(1985/89)与 Martin(1992)关于语类和语境的不同观点。Halliday 和 Hasan 认为语类是语篇的语义结构，而 Martin 则将语类视为文化语境，并将语境分为语类(文化语境)和语域(情景语境)两个层次，认为两者之间是实现关系(realization)。Halliday 没有将语境分层，认为文化语境和情景语境之间是实例化的关系(instantiation)，而非实现关系(Halliday 和 Matthiessen，2014)。这是 SFL 内部两种看似矛盾的语类和语境模型。本章从多模态角度提出并阐释了基于语篇类型拓扑分类的"实现连续体"概念，并通过阐明"实现连续体"这一概念，解释了 SFL 内部长期存在两种不同的语类和语境模型的根本原因。最后，还以电影语篇为例，深入论证了"实现连续体"和"篇内情景语境"两个概念。本章的研究内容完善了多模态语篇分析的一些基本理论，厘清了多模态语篇类型、多模态语篇与语境的关系、多模态语篇不同层次之间关系等一些根本性问题，为多模态语篇分析研究奠定了理论基础。

3.2 多模态语篇的层次结构

SFL 理论常被作为建立语言以外其他符号的语法的理论基础，例如视觉图像的语法 (Kress 和 van Leeuwen，2006)和三维艺术的语法(O'Toole，1994)。SFL 将语言视为一个分层的符号系统，各层之间的关系是实现关系。在 SFL 中，语言是在语境中被描述和分析的。Halliday 和 Matthiessen（2014)认为文化语境与情景语境之间的关系是实例化关系(instantiation)，两者位于同一层次。见图 3-1。

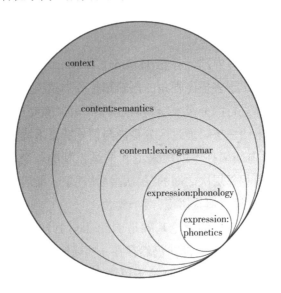

图 3-1 Halliday 提出的系统功能语言学的语言和语境模式
(Halliday 和 Matthiessen，2014)

Martin 和 Rose(2008)将语境分为两个不同的层次：语类(genre)由语域(register)，即文化语境(语类)和情景语境(语域)两个层次。文化语境(语类)与情景语境(语域)之间的关系是实现关系。情景语境(语域)，由语场(field)、语旨(tenor)和语式(mode)三个要素组成(参见图 3-2)。

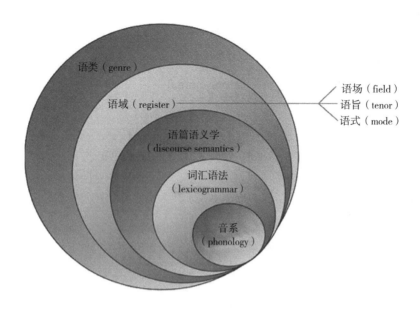

图 3-2　**Martin 的语篇层次模型(Martin, 2014)**

尽管 Martin 的分层语境模型和 Halliday 的实例化语境模型之间存在矛盾，但这两种语境模型都在语篇分析研究中被认可和广泛使用。

为了解决这个问题，本文提出了一个从多模态视角对语篇进行拓扑分类的模型，并且在对语篇进行重新分类的基础上，阐释了"实现连续体"这一概念。

3.3　多模态语篇的拓扑分类模型

多模态语篇研究中的"语篇"一词应重新定义，语篇的类型也应重新分类。Kress 和 van Leeuwen(2001)指出，"关注实践和对符号资源的使用，而不是关注固定的、稳定的实体，使我们能够在对交际的多模态研究方法上取得进展"。文化中可用的所有的模态资源都可用于构建表达意义的语篇。

语篇是以多模态的形式存在的，使用了各种符号资源。例如舞蹈语篇、音乐语篇、建筑语篇、雕塑语篇、绘画语篇、电影语篇等。所有的社会(符号)活动都是意义建构的过程，都可以被视为语篇。

在研究单模态的语言语篇时，社会活动被视为语境元素。然而，在多模态研究中，所有的社会活动都被视为意义构建的过程(王正，张德禄，2016)。换而言之，社会活动是社会符号活动，也是语篇。

因此，我们提出了一个基于语篇的结构和形式从多模态视角对语篇进行分类的拓扑模型(见图 3-3)。

图 3-3　从多模态角度对语篇沿结构和形式两个维度的拓扑分类

　　语篇可以根据其结构和形式两个维度进行分类。结构关注的是语篇的模态(符号)组成，即语篇是多模态的还是单模态的；形式关注的是语篇的外在形式，即语篇是一种活动还是一种产品。结构和形式是沿着两个不同维度对语篇进行描述的标准。语篇的本质可以沿着两个维度的连续体进行描述：活动—产品连续体和单模态—多模态连续体。

　　图 3-3 给出了不同类型的语篇示例。一部电影是典型的多模态产品语篇，而一篇语言书写的文章是典型的单模态产品语篇，在它们之间，有图片、漫画等产品语篇。与朋友共进晚餐的活动是典型的多模态活动语篇，而打电话可以被视为单模态的活动语篇(如果我们只关注直接参与交流的口语模态)，在它们之间，有泡一杯茶或与朋友对话等活动语篇。

3.4　多模态语篇层次间的实现关系模型

　　连续体(cline)是 Halliday(1961)提出的术语。连续体指的是"沿单一维度的连续性，具有潜在的无限渐进性"(Matthiessen，Teruya 和 Lam，2010)。SFL 中的连续体包括实例化连续体(cline of instantiation)、精密度连续体(cline of delicacy)和具体化连续体(cline of individuation)。

SFL 采取分层的方式研究语言，这些层次之间的关系是实现关系。而实现过程实际上是一个分级的过程，存在不同程度的实现关系。如果我们将实现视为重新编码的过程，那么这个重新编码的过程存在不同的复杂程度，也就是不同等级的实现程度。不同的实现程度形成了一个连续体——"实现连续体"（cline of realization）。

Halliday（2014）在描述词汇和语法之间的关系时使用了"词汇语法连续体"这一概念，"语法和词汇是连续体的两端，它们的组织方式不同……短语结构位于词汇语法连续体的中间"。词汇语法连续体可以被视为一个层次内的实现连续体。

层次之间的实现过程存在不同的程度，实现的程度随着相邻层次之间结构形式差异的增加而增大，反之亦然。

Halliday（2013）认为语篇是实现语言潜势的"过程"，这一"过程"的具体形式就是语篇。由于语篇是一个"过程"，这表明在过程中存在潜在的渐进性。从语言分层的角度来看，语境是由语篇实现的，语篇实现语境这个意义潜势的过程也是一个"实现连续体"。

实现过程是语篇的一个层次对另外一个层次进行重新编码的过程。语篇对情景语境的实现过程（realization）本质上是对情景语境的重新编码过程。不同类型语篇对情景语境重新编码的过程的复杂度是不同的。所以，实现的过程存在不同的程度。

例如：泡一杯茶的行为是一个活动语篇；记录泡茶行为的电影是一种多模态产品语篇；而关于泡茶的文字描述是一种单模态产品语篇——书写语篇。这三种语篇都是语篇。然而，这三种语篇，对情景语境重新编码的过程的复杂度是不同的。因为从 SFL 视角看，泡茶的活动语篇可以被视为是情景语境，因为社会活动属于语境的层次（Martin 和 Rose，2007），参见图 3-4。因此，泡茶活动和情景语境是一回事，所以泡茶的活动语篇对情景语境重新编码的过程最简单，实现程度最低。

图 3-4　SFL 社会活动、语篇和语法的层次关系模型

（Martin and Rose，2007）

对于多模态产品语篇——泡茶的电影语篇，实现情景语境的过程较为复杂，因为它涉及使用摄像机录像和剪辑等过程。因此，通过电影产品语篇实现情景语境的过程比活动语篇更复杂，因此，实现程度较高。

最后，对于单模态产品语篇——关于泡茶的语言书面语篇，实现情景语境的过程最为复杂。因为语言是一种象征性社会符号，书面语篇实现情景语境的过程涉及意义选择、措辞以及书写等过程。这无疑比使用摄像机录制和剪辑要复杂得多。因此，单模态语言书面语篇，实现情景语境的过程在三种类型的语篇中是最复杂的，实现程度也是最高的。

3.4.1 文化语境与情景语境：语境内的实现连续体

语境是由语篇实现的。不同类型的语篇对语境的实现程度是不同的，不同的实现程度构成了实现过程的连续体。

首先，我们先阐释语境层面内的实现连续体。在系统功能语言学理论框架内情景语境的三个组成要素是语场、语旨和语式（Hasan，1973；Halliday，1978；Halliday 和 Hasan，1985；Martin，1992）。Halliday 和 Matthiessen（2014）以语言语篇为基础，对语境的三要素语场、语旨和语式进行了描述：语场关注的是语言语篇内、外正在进行的活动，即伴随语言语篇的活动，以及语言语篇中的主题或话题；语旨关注的是对话者之间的社会关系的性质，或者是作者和语篇读者之间的关系；语式主要关注符号活动与社会活动之间的分工，以及语言活动与其他符号活动之间的分工。

在研究多模态语篇时，所有有意义的社会交际活动都可以被视为语篇，因为它们都是意义构建的实践。文化语境为所有社会交际提供了环境，包括通过语言进行的社会交际、通过语言和其他符号系统共同完成的社会交际、由语言之外的符号系统完成的社会交际（张德禄，2023）。就交流功能而言，不再强调语言活动与其他符号活动之间的区别，以及符号活动与社会活动之间的区别。所有的意义构建的实践活动都可以形成语篇，语篇是活动——产品连续体之间的具体"过程"。

不同类型语篇对语境的实现程度是不同的，这意味着情景语境（语域）的结构会有所不同。基于 Halliday 和 Matthiessen（2014）对语场、语旨和语式的定义，对于产品语篇，情景语境包括语篇外部正在进行的活动（篇外情景语境）和语篇内部正在进行的活动（篇内情景语境）。但是，对于活动语篇，情景语境只包括语篇内部正在进行的活动。因为活动就是语篇，它不再是语篇外部语境层面的因素，而是语篇内部的组成成分。

图 3-5 是对实现连续体的阐释。

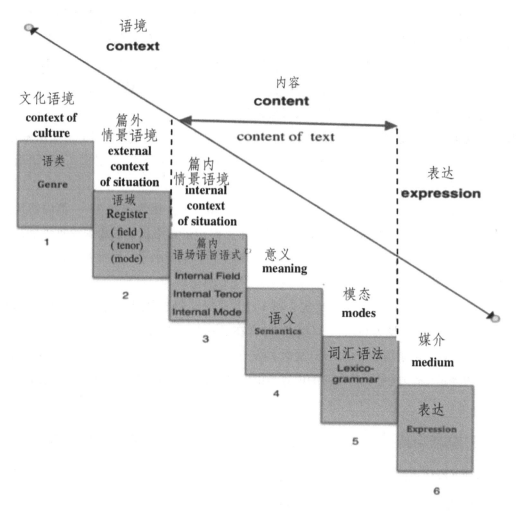

图 3-5　实现连续体模型(the model of cline of realization)

如图 3-5 所示,从多模态角度来看,语篇包含六个层次:文化语境、篇外情景语境、篇内情景语境、意义、模态和媒介。然而,语篇的六个层次并不总是清晰地从彼此中分割出来,相邻的层次可以而且经常融合在一起。

对于不同类型的语篇,相邻层次之间的融合是不同的。这里区分了篇外情景语境和篇内情景语境。语篇的内容包括三个层次:层次 3——篇内情景语境、层次 4——意义、层次 5——模态。下面,我们将在阐释"层次的融合"的基础上对"实现连续体"进行详细讨论。

3.4.2 层次的消失:相邻层次的融合

不同类型的语篇相邻层次之间的实现程度是不同的。当层次之间的实现程度非常低时,将导致相邻层次的融合。

例如图片产品语篇,只包含图 3-5 中的层次 1、2、3、4 和 6,因为层次 5——词汇语法层次不够突出，与层次 4——语义层融合在一起了。

对于图片语篇，词汇语法层实现语义层的过程非常简单。仅仅是将低等级的单位直接组合成高等级的单位。"在图像语法中，区分图素、图式、图像。每个图式都由几个图素组成，图素是图式的组成成分，不同的图式组成体现一个事件的图像。例如，车作为一个图式，可以包括车身、车轮、车灯等图素；人可以由头、身、四肢等图素组成"（张德禄，2009）。由此可见，图像语篇词汇语法层实现语义层的过程非常简单，就是简单的组合关系，所以实现的程度非常低。因此，我们可以说图像语篇的语义层与词汇语法层融合了。所以，Kress 和 van Leeuwen（2006）构建的视觉语法的实质是语义层（层次 4）的"语篇语义语法"，而不是词汇语法层（层次 5）的语法。

书面语言语篇只包括层次 1、2、4、5 和 6（见图 3-5），因为层次 3——篇内情景语境层不够突出，并且与层次 4——语义层次融合了。对于语言语篇，语篇内情景语境是语篇意义的一部分，所以语义层实现篇内语境层的程度处于最低水平，因此对于语言语篇，语义层和篇内语境层融合了。

对于活动语篇，融合发生在层次 2 和 3 以及层次 5 和 6 之间。以舞蹈活动语篇为例，层次 6（媒介）可以被视为与层次 5（模态）融合在了一起，因为活动的媒介就是模态本身。更重要的是，活动语篇的外部语境（层次 2）融合进了内部语境（层次 3），因为社会活动（表达意义的舞蹈动作）就是语篇本身的内容。由于这些融合，纯粹的活动语篇只包括层次 1、3、4 和 5。

3.4.3 模态与媒介：词汇语法层与表达层之间的实现连续体

实现连续体也同样适用于词汇语法层与表达层之间。如图 3-3 所示，活动语篇和书面语言语篇是"活动—产品"连续体的两极。

对于活动语篇，模态层与媒介层融合成一个层次。以泡茶语篇为例，泡一杯茶的具体行动是通过动作模态（手势、动作等）和实物模式（茶瓶、茶杯和茶等）实现的。这意味着活动语篇的表达层面（媒介）就是动作和实物模态。然而，活动语篇的模态也是活动语篇在词汇语法层的内容（张德禄，王正，2016）。因此，活动语篇的模态层（词汇语法层）和媒介层（表达层）的内容是相同的，两个层次融合在了一起。

多模态互动分析（Norris，2004，2011），是关注活动语篇分析的方法。在多模态互动分析中，模态（交流模态）和媒介（媒介手段）两者是同一术语的不同名称。这是因为在活动语篇中，模态和媒介是融合为一体的两个层次。

然而，对于产品语篇（例如，书面语篇和电影语篇）词汇语法层（模态）和表达层（媒介）是两个不同的层次。

这表明词汇语法层与表达层之间没有清晰的界限，表达层不同程度地实现了词汇语法层，不同程度的实现过程形成了"实现连续体"。

3.4.4 篇内与篇外情景语境：语域与语义之间的实现连续体

如图 3-5 所示，篇外情景语境和篇内情景语境是不同的两个层次。本文使用术语"篇外情景语境"用来指代语域，这与传统 SFL 意义上的情景语境相同。篇内情景语境是位于篇外语境和语义之间的一个层次，可以被描述为语篇中反映的世界，例如电影中所描述的世界。在分析语言语篇时，通常将篇内情景语境视为语义的一部分，不将其区分为一个单独层次。

区分篇内和篇外语境的最佳方式是从人际角度开始。SFL 对语篇的情景语境是基于三个元功能来描述的。对于语言语篇，情景语境包含三个变量：语场、语旨和语式。语旨是情景语境的人际方面，主要关注参与交流者之间的角色和关系，例如书面语篇的作者和读者关系。

基于 SFL，Kress 和 van Leeuwen(2006)构建了图像语篇的视觉语法，图像语篇的人际方面主要关注图像中的角色(图片中的人)和观众关系(例如，凝视、权力和距离)。

然而，图像中的角色与观众之间的关系不同于书面语篇的作者—读者关系。图像中的角色与观众之间的关系实际上是图像语篇内部的语境因素。"作者—读者"关系是语篇外部的人际方面的语境因素。"图像制作者—观众"关系是与书面语言语篇的"作者—读者"关系相对应的。

尽管 Kress 和 van Leeuwen(2006)没有明确区分篇内和篇外语境，但他们实际已经从人际角度研究了语篇内情景语境。

Painter 等人(2012)进一步研究了叙事图像语篇内的情景语境，即图像内部角色之间的关系，并认为视觉语篇中的"角色—角色"关系是图像语篇人际元功能的一个重要方面。然而，角色之间的关系是属于语篇内语境的要素。

正如图 3-5 中所示的实现连续体，篇外情景语境(语域)是由篇内情景语境实现的，篇内情景语境是实现连续体中的一个层次。

3.4.5　SFL 中存在关于语类以及语境的不同理论模型的原因

SFL 传统中一个未解决的基本"矛盾"就是：Halliday 和 Hasan(1985/89)与 Martin(1992)对于"语类"的不同观点。Halliday 和 Hasan 将语类视为语篇的语义结构。而 Martin(例如，Martin，1992；Martin 和 Rose，2008)则将语类视作语篇之外的文化语境。以下，我们讨论 SFL 存在关于语类理论的"矛盾"的原因。

Hasan(1989)是在分析商品购买对话的基础上构建了语类结构潜势理论(Halliday 和 Hasan，1989)。根据前文图 3-3 的在多模态视角下的语篇分类模式，商品购买对话语篇是属于活动语篇，尽管 Hasan 在分析时仅关注的是语言。

Martin(1984)在对幼儿和小学生的写作书面语篇的研究基础上发展了语类理论。Martin 和 Rose(2007)对故事、历史、报告、解释和程序叙述等语类进行了分析，并总结了它们的语类图示结构。这些语类的语篇样本都是书面语篇。

Hasan 和 Martin 都认为语类特征是决定语篇结构的因素。因此，Hasan 的"语类结构潜势"和 Martin 的"语类图示结构"都体现的是语篇的结构特征，但前者认为语类位于语篇之内，是属于语义部分，而后者认为语类位于语篇之外，是文化语境。

对于活动语篇，决定语篇结构的是活动语篇的动作、活动、表情、工具等，这些都是语篇意义实体。而这些活动语篇的意义实体同时也都是语境的实体（张德禄，2018）。伴随语篇产生的活动决定了语篇的结构，活动的类型特征在语篇中体现为语类结构。活动语篇的情景语境实质是活动语篇的内部语境。

在 Hasan(1989)的研究中，伴随商品购买对话的行动是决定对话结构的因素。然而，从多模态视角看，伴随对话的行动和对话地位平等，它们都是整个购物活动语篇的组成部分。因此，决定对话结构的语类结构位于活动语篇的内部语境层面。由于语篇的内部语境属语义层面的要素，所以语类结构特征归属于活动语篇的语义层。

对于产品语篇，伴随语篇生产过程的活动是篇外情景语境因素，处于语篇之外。伴随产品语篇生产过程的活动不能决定产品语篇的结构。例如，一个作家在写叙事故事时，无论是边走边写、坐着写，还是边看电视边写，这些都与故事的结构无关。决定叙事故事书面语篇结构的是文化语境。文化语境从宏观上限定和支配人类的交流模式（张德禄，2023），它是属于意识形态、社会制度和社会文化的内容。这些内容约束作家以正确的结构创作故事书面语篇。因此，决定作家所写故事结构的"因素"是文化语境。因此，对于产品语篇而言，文化语境映射为产品语篇的语类结构，换句话说，语类是产品语篇文化语境层面的属性。

综上所述，Hasan(1989)年将语类视为语义层面的属性，Martin 和 Rose(2007)则将语类视为文化语境，这两种理解方式都是正确的。存在这种悖论背后的原因在于，两种语类观点针对的是不同类型语篇的语类。Hasan 的语类模型适用于活动语篇，而 Martin 的语类模型适用于产品语篇。

Halliday 和 Martin 对"语类"这一术语看似矛盾的观点，实际上是因为分别基于对不同类型语篇，即口语语篇（活动语篇）和书写语篇（产品语篇）的研究构建的语类理论所致。在此，SFL 内部关于语类的"矛盾"的原因可以得到合理解释。

在 Halliday 的语境模型中，文化语境与情景语境的关系是具体化关系(instantiation)，文化语境是直接位于(语言)语篇内容之上的层次。

在 Martin 的语境模型中，文化语境(语类)与情景语境(语域)的关系是实现关系(realization)。在语篇内容之上有两个语境层次——情景语境(语域)和文化语境(语类)。情景语境(语域)是直接位于语篇内容之上的层次，而文化语境位于情景语境层次之上，文化语境由情景语境实现。

从多模态视角看，口语和书写是两种不同的模态。口语语篇本质上是活动语篇，书面语篇本质上是产品语篇。它们是活动—产品连续体上的两种不同类型的语篇。对于活动语篇，情景语境(语域)在语篇内部，而对于产品语篇，情景语境(语域)在语篇外部。因此，

Halliday 的语境模型中没有外部情景语境（语域）层次。对于口语活动语篇，伴随口语正在进行的活动在语篇内部，它就是语篇的内容，所以活动语篇直接实现文化语境，见图 3-6。另外，在分析语言语篇时，我们通常直接把篇内情景语境视为语义层的一部分。

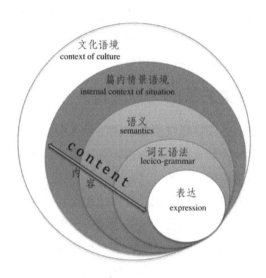

图 3-6　活动语篇（口语语篇）的分层模型（Halliday 的语境模型）

相反，Martin 的语境模型是基于书面语篇构建的，书面语篇本质上是产品语篇。对于产品语篇，产生语篇的活动在语篇外部，语篇的内容与产生语篇的活动不同。产生语篇的活动被视为情景语境的因素。因此，情景语境（语域）是书面语篇内容之上的层次。因此，Martin 的语境模型中，存在一个篇外情景语境（语域）层次，位于文化语境（语类）和语篇内容之间，见图 3-7。

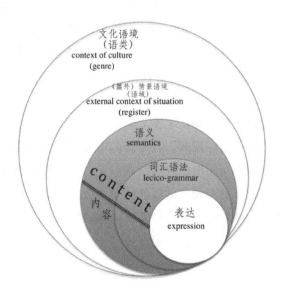

图 3-7　产品语篇（书写语篇）的分层模型（马丁的语境模型）

Halliday 和 Martin 语境模型不同的原因可以通过"实现连续体"和"相邻层次融合"更好地解释(见图 3-5)。对于活动语篇(口语语篇),篇外情景语境(层次 2)与篇内情景语境(层次 3)融合了,因为活动语篇实现外部情景语境的程度很低。因此,在活动语篇的内容之上,不存在外部情景语境(语域)层次。对于产品语篇(书写语篇),产生产品语篇的活动与语篇的内容不同;产品语篇实现外部情景语境(语域)的程度很高。因此,存在一个外部情景语境(语域)层,位于文化语境和语篇内容之间。

3.4.6 多模态语篇层次关系的实例分析

制作电影语篇最简单的方式是通过摄像机录制世界中发生的社会活动,也就是社会情境,然后将录制的内容作为伴随音频的视频投影到屏幕上。录制和投影的过程就是电影语篇实现(重新编码)外部情景语境的过程。

但这个实现过程非常简单,所以实现的程度也很低。两个层次之间的差异也很小,外部情景语境(社会活动和场景)似乎与篇内情景语境——电影语篇的内容,是同一内容。

以电影语篇为例,对社会情境(情景语境)实现程度最低的影片是直接录制和投影社会活动,如监控视频记录,其语篇的内部情景语境(内容)是对外部情景语境的直接复制。顾曰国(2006,2009)构建的"鲜活话语分析模式"(situated discourse analysis)将电影语篇(多模态语篇)的内容等同于社会情境,并且认为分析电影语篇与分析社会情境是同一回事,这是因为鲜活视频语篇的内容就是对外部情景语境的直接复制。

然而,随着实现程度的增加,实现(重新编码)过程变得越来越复杂,相邻层次之间的差异也越来越大,直到我们几乎无法在低层次中找到上一层的任何痕迹。这意味着,在实现连续体的另一端,语篇的不同层次的结构和形式是完全不同的。

以电影为例,实现程度随着电影制作过程的复杂化而增加。原始的摄像机记录可以通过剪辑过程进一步变化。剪辑过程可能包括:剪辑原始记录,添加背景叙述、音乐或其他声音,添加字幕等。更复杂的可以通过记录"假"的社会活动(演员在电影场景中使用道具进行的表演)并投影到屏幕上,作为世界上真正发生的事情。这是虚构电影实现外部情景语境的方式。

随着重新编码的复杂程度的增加,电影语篇的内容与篇外情景语境的差异会进一步增大。在实现连续体的最低端是监控视频,其语篇的内容与篇外情景语境内容相同。在连续体的最高端是动画电影,因为动画电影语篇的内容完全通过计算机技术制作,是完全的符号化产品,在动画电影中找不到对现实的篇外情景语境的直接复制成分,所以动画电影语篇对篇外情景语境的实现程度最高。对篇外情景语境的实现程度位于中间的视频语篇包括新闻节目、纪录片和故事片等不同类型的电影。

3.5　结　语

　　本章提出了一个基于多模态视角的语篇拓扑分类模型，通过重新定义"语篇"概念并提出了重新分类语篇的类型，强调了在语篇分析中应关注实践和符号资源的使用，而不仅仅是关注固定的、稳定的实体。这个模型进一步丰富了对语篇类型和结构的理解，尤其是在处理多模态资源时的分析方法。本章论证了语篇不同层次之间的实现过程是沿着连续体进行的分级重新编码过程，即"实现连续体"。通过区分篇内与篇外情景语境这两个层次，完善了系统功能语言学（SFL）的语境理论。为理解多模态语篇在不同情景中的功能和意义提供了新的视角。本章提出并阐释了语篇相邻层次之间的"层次融合"现象，为系统功能语言学内部长期存在的两种不同的语境和语类模型之间的"矛盾"提供了合理解释。本章通过对语篇的拓扑分类，提出了语篇层次之间关系的新的理论模型，不仅完善了系统功能语言学和多模态语篇分析的理论框架，也为多模态语篇的分析提供了新的理论支持和视角。

第4章 静态图文多模态语篇符号间的衔接机制

4.1 引言

在过去的十几年里，多模态语篇已经成为语篇分析领域里的一个研究热点。许多学者从 Halliday（1978，1994）的社会符号学出发，以系统功能语言学理论为基础，对多模态语篇进行了大量的研究。这些研究中比较具有代表性的有：O'Toole（1994）与 Kress 和 van Leeuwen（1996，2006）建立的视觉符号学；van Leeuwen（1999）的声音符号学；Martinec（1998）的动作符号学。我国许多学者，如李战子（2003）、胡壮麟（2007）、朱永生（2007）、杨信彰（2009）、唐青叶（2008）等也以系统功能语言学为理论基础，对多模态语篇做了很多非常有价值的研究。

但是目前对于不同符号之间的语义关系，以及不同符号之间是通过什么样的衔接手段组成一个连贯的多模态语篇的研究还不多。在这方面，国外学者 Lim（2004）、Kress 和 van Leeuwen（2006）、O'Toole（1994）和 O'Halloran's（2005，2007）、Liu 和 O'Halloran（2009）、Unsworth（2006）、Martinec、Salway（2005）等做了一些有益的尝试。

本章主要研究的是多模态语篇中不同符号模态之间的衔接关系，即不同符号模态之间是通过哪些衔接手段形成一个连贯的多模态语篇的。本章的目的是提出一个完整的视觉符号和文字符号的衔接理论框架。并对这个理论框架中前人没有做过研究的部分进行详细的阐释。

4.2 研究背景与意义

国外的一些学者对于文字符号和视觉符号之间的语义关系和衔接关系，已经做了一些探索性的研究。在这里我们对以往的研究成果和研究中存在的问题和不足做一下简要的总结。

　　Royce（1998）以多模态广告语篇和教科书为例，研究了文字和图像之间的概念意义关系。Royce 提出的多模态语义关系系统主要以 Halliday 和 Hasan（1985）提出的词汇衔接系统为基础，增加了不同符号间的搭配关系（inter－semiotic collocation）。Martinec 和 Salway（2005）以 Halliday（1985）所提出的逻辑语义关系（logic－semanticrelation）为基础，总结了图像和文字之间的意义关系系统，这个系统包括图像和文字的相对地位关系以及图像和文字之间的逻辑语义关系。

　　Unsworth（2006）在 Martinec 和 Salway（2005）的研究基础上，对文字和图像之间的概念意义关系进行了总结。Unsworth 提出的概念意义关系系统包括共现（concurrence）、互补（complemetarity）和连接（conjunction）三个子系统。同时，Unsworth 又从人际意义和语篇意义出发，初步探讨了图文之间的互动关系。

　　从语篇衔接的角度研究图文的衔接关系的有 O'Halloran（2005，2007）、Liu 和 O'Halloran（2009）。O'Halloran（2005，2007）在对多模态数学语篇进行研究时提出了一系列文字符号与视觉符号之间的衔接手段，其中包括顺序、反义、上下义、转喻、搭配和照应等。

　　Liu 和 O'Halloran（2009）以 O'Halloran（2005，2007）、Jones（2007）以及 Kress 和 van Leeuwen（2006）的研究成果为基础，从概念意义和语篇意义的组织方式的角度，提出了多模态语篇中图像和文字的衔接关系的框架。同时 Liu 和 O'Halloran（2009）又对语篇结构衔接的平行结构（parallel structure）和不同符号间的逻辑关系（inter－semiotic logical relation）进行了详细的阐述。

　　但是 Liu 和 O'Halloran（2009）所提出的视觉符号和文字符号衔接关系的理论框架中缺少人际意义衔接。由于视觉符号的意义系统和文字符号的意义系统一样，由概念意义、人际意义和谋篇意义构成，所以视觉符号和文字符号之间的衔接关系应该包括人际意义衔接。

　　另一方面，Liu 和 O'Halloran（2009）所提出的衔接理论框架只局限于语篇内部衔接，张德禄（2001）指出任何一个语篇都是情景语境中的语篇，所以任何语篇由语言形式体现的意义都不是完整的，总有一些意义是由语境因素实现的。O'Halloran（2005，2007）也指出，不同符号间的语义互动，不但会发生在表达层和内容层，也会发生在语境层。所以在研究视觉符号和文字符号的衔接时还应该将语境因素考虑在内，研究不同符号模态在语篇外部的衔接关系。

4.3　图文符号的衔接理论框架

　　进一步研究视觉符号和文字符号之间的衔接关系之前，我们有必要在这里对语篇的衔接理论做一下总结。自从 1976 年 Halliday 的《英语的衔接》一书出版以后，对衔接理论（主要是针对文字符号系统）的研究已经经历了四十几年的时间，形成了较为完善的理论系统。这期间比较具有影响力的研究有 Halliday 和 Hasan(1976，1985)、胡壮麟(1996)、张德禄(2001，2004)等。这其中以张德禄(2004)提出的衔接理论模式最为全面。这个理论模式总结了 Halliday 和 Hasan 以及胡壮麟等人的研究成果，进一步扩大了衔接的范围，从意义类型上由谋篇意义扩大到概念意义关系和人际意义关系，从语篇与语境的关系上扩大到语篇与语境的衔接，使语篇衔接与连贯基本上能够一致起来。

张德禄(2001)指出，语篇衔接实际上是一种谋篇意义，所以语篇内部所有用于组织语篇意义的小句及其以上单位之间的意义关系都是衔接关系，它既包括各种结构成分之间的意义关系，也包括各种结构之间的意义关系。语言的意义系统由三种意义组成，即概念意义、人际意义和谋篇意义，用于组织三种意义的谋篇意义关系都是衔接关系。所以，应该从概念、人际和谋篇三种意义的组织方式的角度来研究语篇内部和外部的衔接。

Kress 和 van Leeuwen(1996)认为，视觉符号的意义系统和文字符号的意义系统一样，由概念意义、人际意义和谋篇意义构成，并且以再现意义(representational meaning)、互动意义(interactive meaning)和构成意义(compositional meaning)来表述视觉符号的意义系统。由于视觉符号同样具有概念、人际和谋篇意义，所以我们在研究视觉符号和文字符号的衔接的时候，同样要从概念、人际和谋篇三种意义在两种符号之间的组织方式的角度出发。

综上所述，我们在这里提出如表 4-1 所示的视觉符号和文字符号的衔接理论框架。

表 4-1　视觉符号和文字符号的衔接理论框架

多模态语篇中文字符号与视觉符号的衔接关系框架	语篇内部不同符号间的衔接		时间顺序(temporal)
		经验意义	对应(correspondence) 反义(antonymy) 上下义(hyponymy) 转喻(meronymy) 搭配(collocation) 多义(polysemy)
		人际意义	语气结构(mood structure) 态度系统(attitudes)
		语篇意义	指称(reference) 主位—述位结构(theme—rheme development) 已知信息——新信息(given—new organization) 平行结构(parallel structures)
	语篇外部不同符号间的衔接（语境衔接）	文化语境(culture context)	
		上下文语境(linguistic context)	

这个理论框架分别从语篇的内部和外部对多模态语篇不同符号间的衔接手段进行了总结。多模态语篇的内部衔接包括概念意义衔接、人际意义衔接和语篇意义衔接。外部衔接包括文化语境衔接和上下文语境衔接。该理论框架首次将语境衔接和人际意义衔接纳入多模态语篇符号间的衔接系统。

这个理论框架虽然以视觉符号和文字符号组成的静态多模态语篇为例，但其适用性并不仅仅局限于图文组成的静态多模态语篇，在很大程度上它也适用于其他形式的多模态语篇。

4.4　图文符号的衔接理论框架例证和阐释

在对视觉符号和文字符号的衔接理论框架的阐释时，本文的重点是人际意义衔接部分和多模态语篇的外部衔接，即语境的衔接部分。因为这两部分在前人的研究成果中没有涉及，所以我们在这里进行详细的论述。对于前人已经做过详细研究的部分，由于篇幅所限，不再做详细介绍。

4.4.1　图文多模态语篇的内部衔接

4.4.1.1　概念意义角度的符号间的衔接关系

Halliday(1994)把语言的纯理功能分成三种：概念元功能、人际元功能和语篇元功能。概念元功能包括经验功能和逻辑功能两个部分。概念意义角度的符号间的衔接关系包括逻辑意义衔接关系和经验意义衔接关系两个部分。逻辑意义衔接关系包括对比、添加、因果关系和时间顺序四种衔接关系。对于符号间逻辑意义的衔接关系，Liu 和 O'Halloran (2009)已经做过具体的论述，在这里不再讨论。从经验意义角度的符号间的衔接关系包括对应、反义、上下义、转喻、搭配和多义六种关系。

对应关系(correspondence)在文字符号语篇中就是指同义和重复关系，但是 Lemke (1998：110) 认为文字符号和图像符号之间的意义不能用同一标准衡量，本质上两种符号之间的意义关系不可能完全的对等，所以使用"对应"一词来表达不同符号之间的重复和同义关系更为恰当。Jones(2007)以大学生物学教科书中的多模态语篇为例，对于文字符号和视觉符号的对应关系，做过较为详细的论述，所以在这里不再讨论。

Royce(1998)和 O'Halloran(2005，2007)对反义、上下义、转喻和搭配关系做了论述，Liu 和 O'Halloran (2009)对多义关系也做了详细的论述，所以在这里限于篇幅，不再重复。

4.4.1.2　人际意义角度的符号间的衔接关系

在多模态语篇中人际意义的衔接关系主要包括语气结构衔接关系和态度系统衔接关系。

(1)语气结构衔接关系

在文字语篇中，某一语气类型的高频率出现是为了表达某一人际意义的突出。例如，如果一个语篇中的句子都是陈述句，这个语篇在一般情况下是说明性的，用于提供信息。大多数语篇都属于此种类型。如果一个语篇中的句子都是祈使句，则这个语篇的主要功能是指导性的或命令性的，如说明书、菜谱等。这些同类型的句子之间形成一种同类关系，具有衔接作用(张德禄，2001)。

图 4-1 是选自诺基亚官方网站的诺基亚手机安装 SIM 卡和电池的操作指南。这是由图文组成的一个说明性语篇。我们先分析图像的互动意义。视觉语法的互动意义就是指功能语法的人际意义。互动意义由目光接触(gaze)、社会距离(social distance)、视角(perspective)和情态(modality)四个要素构成。其中视觉语法的情态表达的是图像的"真实度"，可以分为高、中、低三类(Kress 如 van Leeuwen，2006)，这与功能语法中的情态所表达的"可能性"是相对应的。视觉语法中由目光接触、社会距离和视角所表达的人际功能可以看作是功能语法中语气结构所表达的人际功能。也就是说目光接触、社会距离和视角三者共同相当于图像的语气结构。

目光接触是指图像中参与者通过目光的指向与观看者之间建立的一种想像中的接触关系。当参与者的目光指向观看者时，这类图像叫做"索取"(demanding)类图像，表达参与者向观看者索取的意义，当参与者不是有生命的人或动物，或者当参与者的目光不指向观看者时，这种图像被称之为"提供"(offering) 类图像，表达提供信息的意义(Kress 和 van Leeuwen，2006)。

我们从接触的角度分析图 4-1 的互动意义：因为图像中的参与者不是有生命的人或动物，图像中没有参与者与读者的目光接触，语篇中的图像是提供类图像，表达提供信息的意义。而语篇中的文字内容的句子全部为祈使句，是指示说明类篇典型的语气结构。所以，图像的语气结构与文字符号的语气结构形成固定的搭配关系，即提供类的图像与祈使句共同构成操作指示这一类多模态语篇语气结构的特点。这样，图像的语气结构与文字符号的语气结构形成一致，具有衔接作用，这一类衔接属于人际意义衔接。

1. 要卸下设备的后盖，请用手指按住后盖，将后盖滑开，然后提起取下后盖	2. 将 SIM 卡滑入 SIM 卡卡夹中。确保 SIM 卡上的金色触点向下朝向设备，并且切角背对着卡夹插槽

3. 插入电池

4. 重新装上后盖

图 4-1　诺基亚手机安装 SIM 卡和电池的操作指南

(2)态度系统衔接关系

在讨论态度意义的衔接作用时，本文以评价系统理论为基础。评价系统是人际意义的一部分，它是由 Martin 等人创建，其理论系统在 Martin 和 Rose（2003）以及 Martin 和 White（2005）中都有较详细的论述。国内学者，如王振华(2001)也对评价系统理论做了详细的介绍，在这里对于评价系统的基础理论不再介绍。不过以往的对于评价系统的研究主要以文字符号语篇为主，对于多模态语篇评价系统的研究还比较少，主要有 Martin(2001)、Chen(2009)和 Economou（2009）。

其中 Chen（2009）和 Economou(2009)的研究的理论基础仍然是 Martin 的评价理论系统以及 Kress 和 van Leeuwen(1999，2006)的视觉语法理论。Chen(2009)对小学和中学英语课本中的图文并茂的多模态语篇的评价意义进行了研究。Economou(2009)以报纸上的新闻报道的照片为例，对视觉符号的评价系统做了较为系统的研究。两人的研究都证明文字符号的评价系统理论在很大程度上也适用于视觉符号。文字符号评价系统的三个子系统——态度、介入和级差都可以在视觉符号系统中得到实现。由于对视觉符号的评价系统的研究还处于起始阶段，其研究成果还有待于进一步完善，再加上篇幅所限，所以在这里，对于视觉符号的评价系统不做详细的说明，我们会在以后的研究中做进一步的阐述，在这里我们只讨论评价意义的衔接作用。

我们在讨论评价意义的衔接作用时，只分析评价系统中的态度子系统对于多模态语篇的衔接作用，不涉及级差系统和介入系统。因为级差系统可以看做是对态度系统的细化，而介入系统主要是表明态度的来源。所以评价系统的核心是态度系统，级差系统和介入系统是对态度系统的完善和修饰。

文字符号的态度系统可化为情感（affect）、判定（judgement）和鉴赏（appreciation）三个子系统。情感是用以表达情感反应的资源；判定是根据各种不同的标准来评价行为的资源；鉴赏是表达事物价值，包括自然现象和符号现象(既包括产品也包括过程)的价值的资源(Martin，2003，2005)。

视觉符号的态度系统同样包括情感、判定和鉴赏三个子系统(Economou，2009)。下面我们分别从态度系统的情感、判定和鉴赏三个子系统分别阐述评价意义的人际衔接功能。

①情感系统的衔接作用

图 4-2 是选自蒙牛集团官方网站的一幅平面广告语篇。在图中一名年轻女子占据图像的中心部分，手中拿着"蒙牛真果粒饮品"。作为图像的最主要参与者，她脸上快乐、满足的笑容是显而易见。这是一个比较典型的广告语篇。

图 4-2　情感衔接多模态语篇样例

Economou(2009)认为，视觉符号情感系统实现的方式之一是通过视觉情感内嵌(visual affect inscription)。视觉情感内嵌就是指快乐、安全、满足(和与之相对的是痛苦、恐惧、不满)等情感，可以很清楚地在图片中通过人的面部表情和肢体语言等表达出来。

所以，图 4-2 中内嵌的情感意义是正面的，可以理解为快乐和满足，这是通过图片中的参与者的表情表达出来的。在女子的左边，有两行字："喜欢蒙牛的 900，000，000 个理由"。文中"喜欢"一词所表达的正面的情感意义和图片表达的情感意义相似，图像和文字的情感意义形成了一致。情感意义在这里对图像和文字起到衔接作用，这一类衔接属于人际意义衔接。

②判定系统的衔接作用

图 4-3 是北京青年报 2010 年 2 月 12 日第六版刊登的一条新闻，在这条新闻的插图中我们可以看到，一个女被告手捂着脸在哭泣，她身后是两名表情严肃的人民警察。在图中，女被告处于最突出的位置，是图片中最主要的参与者。对于女被告，图 4-3 表达的判定意义是负面的，可以理解为她的行为不合法，受到了法律的处罚。新闻的大标题为"沪'倒楼案'6 被告一审获刑"，下面的小标题为"均构成重大责任事故罪，且属情节特别恶劣，均有自首情节，刑期分别为 3 年至 5 年"。重大责任事故罪、特别恶劣、自首、刑期这些词汇所表达的判定意义也是负面的。文字与图片所表达的对女被告的判定意义是一致的，这种判定意义的一致性具有衔接功能，这一类衔接显然是人际意义的衔接。

图 4-3 判定衔接多模态语篇样例

③鉴赏系统的衔接作用

图 4-4 是选自北京晚报 2010 年 2 月 11 日第八版 的一则漫画新闻。新闻的文字内容是:"丰田多款车型踏板存在质量缺陷,大量召回。之前丰田公司也曾因机油软管漏油、刹车失灵等问题召回汽车。丰田全球品牌形象和产品质量越来越遭到质疑"。在这幅漫画新闻中,丰田公司被比喻为一个牧羊人,丰田的汽车被比喻为一头头伤残的牛(丰田汽车的标志好像一个牛头形状)。在这里,图片中丰田汽车被比喻为伤残的卡通形象的牛,显然具有负面的鉴赏意义,这和文字内容中"机油软管漏油、刹车失灵等问题,品牌形象和产品质量越来越遭到质疑"表达的负面鉴赏意义是一致的。所以,从鉴赏意义角度讲,文字和图片是衔接的,这也是人际意义的衔接作用。

图 4-4 鉴赏衔接多模态语篇样例

4.4.1.3 谋篇意义角度的符号间的衔接关系

谋篇意义角度的不同符号间的衔接关系主要包括：指称，主位－述位结构，已知信息—信息结构和平行结构四种衔接关系。

O'Halloran（2005）在以数学语篇为例，讨论不同模态符号间的识别关系（inter－semiotic identification）时，对于符号间的指称关系做了详细的论述。Jones（2005）在指出文字符号和视觉符号之间是通过符号间的指称系统建立识别关系的同时，也对文字符号和视觉符号间的指称系统做了论述，所以在这里不再讨论。

Kress 和 van Leeuwen（1996，2006）在对视觉符号的构成意义进行论述的时候指出，视觉符号的构成意义由三个互相联系的资源系统实现：信息值（information value）、显著性（salience）和取景（framing）。其中信息值系统包括已知信息—新信息（given－new）、理想—现实（Ideal—Real）和中心—边缘（center—margin）三种结构。这三种结构其实就相当于功能语法中实现谋篇意义的已知信息—信息结构，而显著性和取景对于实现谋篇意义的作用就相当于主位—述位结构的作用（Liu 和 O'Halloran 2009）。Kress 和 van Leeuwen（2006）指出信息值、显著性和取景对于视觉符号语篇的谋篇功能不仅仅局限于单一的视觉符号系统，而且适用于由视觉符号和文字符号共同构成的多模态语篇。由于 Kress 和 van Leeuwen（2006）已经对信息值、显著性和取景的谋篇功能做了详细的论述，所以在这里不再重复。

平行结构衔接在 Liu 和 O'Halloran（2009）也有较为详细的论述，在这里我们也不再重复。

4.4.2 多模态语篇的外部衔接：视觉符号和文字符号与语境的衔接

连贯语篇的基本标准是其意义形成一个整体，并与一定的语境相联系。然而任何语篇都是情景语境中的语篇，所以任何语篇的由语言形式体现的意义都是不完整的，总有一些意义是由语境因素实现的（张德禄，2001）。

Halliday 和 Hasan（1976）指出，语段中句子与句子之间在意义上有可能存在空隙，要弥补这些空隙就要研究语境、语域以及语言使用者的共有知识和文化背景知识，也就是说语篇内部的衔接必须和语境结合起来才能确定语篇的连贯性（张德禄，2006）。

由于语境的定义在系统功能语言学派内部还存在争议（胡壮麟 et al.，2005）。在这里，我们采用胡壮麟（1994）对语境的解释。语境（context）可以指语篇内部的环境，即"上下文"语境（linguistic context）；也可以指语篇产生的周围情况、事件的性质、参与者的关系、时间、地点、方式等，可称之为情景语境（situational context）；也可以指说话人所在的言语社团的历史文化风俗人情，属于该言语社团的人一般都能理解其在语篇中的意义，可称之为文化语境（culture context）（胡壮麟，1994）。

情景语境，严格意义上主要指口语语篇中某些上下文无法弄清的意思，需要参考使用语言时所发生的事件、参与者和时空方式等因素才能贯通起来（胡壮麟，1994）。因为本文局限于研究图文构成的静态多模态书面语篇，所以情景语境的衔接作用在这里不做讨论。

下面，我们将分别讨论文化语境和上下文语境对多模态语篇图文衔接所起到的作用。

4.4.2.1　文化语境衔接

任何一个语言使用者都属于某一个特定的言语社团，每个言语社团都有长期形成的历史、文化、风俗、人情、习语和价值标准，这个必然反映于该言语社团的共同语中，因此对语篇的真正理解还得联系最高层次的语境，即历史文化语境（胡壮麟，1994）。

图 4-5 是北京青年报 2010 年 2 月 8 日第五版刊登的题为《青少年传习春节传统》的报道。这则报道的主要内容是：北京市团委、北京市青少年国学院主办北京市青少年传统文化传习活动，号召青少年晨读国学经典，晨唱京剧国粹，晨练毛笔书法，晨习太极拳法。图片内容是一个十几岁的女孩在用毛笔写字，背景中有两个用毛笔在红纸上写好的"福"字。图片的标题是"青少年传习春节传统"。作为中国人我们很容易理解标题与图片内容之间的联系。因为我们知道，中国过年家家户户有贴福字和对联的古老习俗，并且用毛笔写字也是中国的历史传统。在这个多模态语篇中，春节传统一词与图片中用毛笔写的福字，通过中国有春节贴福字的传统——文化语境形成衔接关系，构成一个连贯的多模态语篇。这是文化语境的衔接作用。

图 4-5　文化语境图文衔接多模态语篇样例

4.4.2.2　上下文语境衔接

图 4-6 是《读者》2010 年第三期的一篇由图文组成的文章，图片是一幅黑白的卡通画，画的是一个人在用铁锹在一片抽象化的地面上挖掘坑道，图片的文字标题是"大英帝国的马路'补丁'"。如果没有阅读文章内容之前，我们对于文字和图片之间关系的理解有一定的困难，造成理解困难的原因是图片和文字之间缺乏明显的衔接手段。

文章的内容主要讲的是，在英美国家修马路之前，地下管道等设施的准备做得很好，很少发生修完马路后重新挖开路面铺设地下设施的现象，在修理破损路面时，通常也只是对破损部分做一些修补，而在中国经常发生重新挖开路面铺设地下设施的现象，并且对于破损路面不是修补而是重新铺设，耗资巨大。当我们读完了文章的内容，对于图片和文字标题的理解就变得很容易了。图中的人民币符号形状的坑道可以比喻为对钱财的耗费，而挖坑道这个动作则可以比喻挖开路面铺设地下设施这种做法。通过文章内容所构建的上下文语境，使文字标题和图片构成了一个连贯的多模态语篇。在这个例子中，上下文语境的衔接作用是显而易见的。

图 4-6　上下文语境图文衔接多模态语篇样例

4.5　结　语

本章提出了较为完整的视觉符号和文字符号的衔接理论框架，扩大了图像和文字的衔接范围，首次把不同符号间人际意义衔接和语境层面衔接纳入符号间的衔接范围，并且对符号间的人际意义衔接和语境衔接做了深入的探讨。不同符号间的人际意义衔接主要是由语气结构和态度系统实现的。对态度系统衔接的论述，主要以多模态语篇的评价系统理论为基础。对于不同符号间语篇外部衔接——语境衔接的论述，主要是从文化语境和上下文语境两个方面进行的。

本章所提出的不同符号模态间的理论框架，虽然以视觉符号和文字符号组成的静态多模态语篇为例，但其适用性并不仅仅局限于图文组成的多模态语篇，在很大程度上它也适用于其他形式的多模态语篇。

第 5 章　静态图文多模态语篇语料库的建设和应用——期刊封面语料库

5.1　引言

本章通过使用语料库软件 UAM Image Tool 2.0 建立了期刊封面语类的多模态语料库，并进行标注和统计分析，在系统功能语言学的语类研究框架之下，对期刊封面这一多模态语类的特征进行归纳和描述。在语类结构潜势的基础上，提出了语类结构原型这一概念，并且勾画出期刊封面语类的结构原型，在一定程度上优化了系统功能语言学的语类分析方法，使之适用于由图文组成的静态多模态语类的描写。并且进一步对比了学术期刊封面和大众期刊封面的语类特征差异，通过实证研究证实了生产和消费过程对多模态语类特征的制约作用。

5.2　研究现状和研究意义

语类一直是语篇研究领域的一个热点，语言学家、社会语言学家、人类语言学家、修辞学家、哲学家以及语言教育学家都很重视语类的研究（张德禄，2002a）。语类研究之所以受到重视，重要原因之一是其实际应用价值。当掌握了某一语类的结构特征后，就会对该语类语篇的实际产出具有重要的指导意义。

在语言学语类研究中，系统功能语言学的语类研究最突出（张德禄，2010）。Hasan 提出了语类结构潜势理论（Halliday 和 Hasan，1989），Ventola（1988）和 Fawcett 等（1988）则提出了动态性语类流程图理论。Martin 和 Rose（2008）综合并且进一步发展了悉尼学派的语类研究成果，把语类看作文化的变体，构建了以语篇语义系统，即评价、概念、连接、身份、韵律系统（Martin 和 Rose，2003，2007）为主要分析工具的语类分析模式。

虽然以 Martin 和 Hasan 为代表的系统功能语言学派的语类研究取得了很大的进展，

但仍然只是研究了众多语类中的一部分。

人类交际不再是语言独尊的局面，是由多种模态来共同完成的（张德禄和穆志刚，2012）。语类包括广泛的多模态现象，从页面形式符号制品的期刊封面到数字化媒体形式的网站都是语类现象（Hiippala，2014），近年来部分学者已经开始关注语类的多模态现象，例如 Martin 和 Rose（2008）初步探讨了多模态报告和解释语类中的图像模态的概念系统、语篇系统和图文关系系统，汪燕华（2014）研究了心理学书籍中的语类所包含的各种图类的分布情况、图文之间的关系以及对语类构成所起的作用，但目前系统功能学派的语类研究仍然主要局限于语言语篇。

另外，Bateman（2008）以印刷的图文多模态语篇为研究对象，提出了一个多层次的多模态语类分析框架——GeM（genre and mulitmodality）模型，这个框架包括基础层、布局层、修辞层和导航层四个层次。Hiippala（2012，2014）以 Bateman 的多模态语篇语类的分析框架为基础，以英语和芬兰语两种语言印刷的旅游宣传手册为分析对象，对比分析了文化差异对多模态语类特征的影响，发现文化差异对语类的各层面都会产生不同程度的影响。Tomas（2009）也以 Bateman 的语类分析框架为基础对比分析了英国和中国台湾地区的牙膏和洗发水的外包装语类的差异。

语类研究要注意非语言特征的特殊性（张德禄，2002），多模态语类的结构不再是一维的线性结构。以期刊封面语类为例，它是由图像和文字两种模态构成，两者不可分割，其语类框架结构打破了传统语类结构的线性规则，各个语类步骤的组合模式不是简单的线性序列，所以系统功能语言学现有的语类研究方法不能直接适用于多模态语类特征的描述，需要进一步完善，以适用于多模态语类分析。

期刊封面对于印刷媒体的市场推广有着极其重要的价值，是传媒和媒体心理学领域一直都非常重视的语类，有重要的研究价值，但在语言学界并没有得到重视（Held，2005）。本章尝试以期刊封面语类为例，以多模态语料库方法为基础，探索如何在系统功能语言学的理论框架之下建立一种针对多模态语类的简便、有效的分析模式。

5.3 理论基础和研究方法

5.3.1 多模态语类实证分析模型（GeM Model）

近年来以 Batemen 为代表的一些学者已经认识到平面多模态语类的特殊性并尝试构建以实证研究为基础的多模态语类分析模式。Bateman（2008）以印刷的图文多模态语篇为研究对象，提出了一个多层次的多模态语类分析框架，这个框架包括基础层、布局层、修辞层和导航层 4 个层次。Hiippala（2012，2014）以 Bateman 的多模态语篇语类的分析框架为基础，以英语和芬兰语两种语言印刷的旅游宣传手册为分析对象，对比分析了文化差异对多模态语类特征的影响，发现文化差异对语类的基础层、布局层、修辞层和导航层都会产生不同程度的影响。Tomas(2009)也以 Bateman 的语类分析框架为基础对比分析了英国和中国台湾地区的牙膏和洗发水的外包装语类的差异。

Bateman(2008)的多模态语类实证分析模型，最初目的是建立图文组成的多模态语篇的语料库，其目的是要用多模态文本专属的术语对多模态文本(multimodal document)的语类进行描述，而不是继承对纯文本语言描述使用的术语。Bateman 认为多模态语类是社会实践的配置，社会实践形成一个具体的多模态实体制品(configuration of social practice)的配置过程要通过具体的形式和工具，具体的形式和工具产生的约束是载体(画布 canvas)约束，已经形成的使用方式产生的约束是生产和消费过程约束。多模态语类是作为社会实践的整体配置，是通过发展形成的表达模式而配置的语言、布局、类属和设计活动。

Bateman(2008)认为语类是社会实践通过具体的语言表达方式的实现，也就是说某一语类只受到有关语言形式方面的约束。Bateman 的多模态语类观认为语类除了受到语言、布局、类属设计活动方面的约束外，还受到载体和生产和消费过程的约束。

语类的产生是社会实践通过具体的形式和工具、使用方式和表达模式等约束配置而形成，每一层次的约束都会对语类产生具体的影响，对语类的分析和描述是以三个层次的约束为基础的。传统的语类分析只是以语言表达模式为基础，也就是只考虑语言模态的限制。Bateman 的多模态语类分析模式考虑多模态符号制品的本质，将另外两个层次的约束包括在内。

载体的约束(canvas constraints)：语类分析或描述应包括载体，Bateman(2007)的研究发现，新闻在报纸和网络(电脑屏幕作为载体时)会在布局、导航方式和内容等多方面发生不同。

生产和消费过程的约束：以报纸的生产技术对语篇的影响为例，技术的发展使得报纸可以用彩色印刷，这样颜色就成了多模态语篇的一种构成模态，也成了多模态语类分析的一个方面。

多模态语类的外围约束包括语言、布局、同类产品的设计等方面的约束。对于最底层表达模式形成的约束，除了考虑语言模态以外，还考虑布局、同类产品的设计约束。

每一层面的约束都会对具体的多模态符号制品的形式产生影响，也就是要区分不同的语类或对于多模态符号制品进行语类分析和描述应该同时考虑三个层面的约束所带来的差异。

为了描述各种不同的多模态语篇的语类特征，Bateman (2008)提出的多模态语篇语类分析模式主要针对图文组成的印刷多模态语篇，他认为对书面多模态语篇可以从五个层次上进行描述，他把书面多模态语篇视为"多层次的符号制品"，并对其展开多层次的描述和分析。这一 GeM 模型包括 6 个层次：基础层(主要分析页面可见的基本物理元素)、布局层(主要分析语篇的版式特点和结构)、修辞层(主要分析页面各元素所表达内容之间具体的修辞关系及各自的交际目的)、导航层(主要分析引导页面阅读的元素)、体裁基础层(将其他层次的元素进行归类，从而能在属类上辨别特定的语篇体裁类型）、内容层（传递的是与内容相关的信息结构）。（陈瑜敏，2010）

Bateman 虽然尝试从实证角度通过多模态语类语料库分析语类特征，但一方面他所建立的语料库样本数量较少（仅包括说明手册 16 页、书籍页面 10 页、一个报纸头版和两个网页页面），另一方面 GeM 模型不是在系统功能语类框架之下，描述总结的语类特征烦琐复杂，不易于应用，不如系统功能语言学分析方法总结的以语类框架结构为主的语类特征那样简洁明了，对同一语类的语篇结构具有预测作用，易于应用到教学和语篇分析领域。虽然 GeM 的语类分析模式存在上述的缺点，但是对我们改进系统功能语言学语类分析模式使之适用于多模态语类提供了重要的理论基础，尤其是从布局层和修辞层等不同层次上对语类特征进行分析的模式对我们有很大的启发。

5.3.2　二维多模态语类结构

传统的线性语类结构特征主要包括语类步骤组成成分和排列顺序两方面。但多模态语篇中不同的符号模态创建意义的方法不同，语言和其他符号系统形成多维的意义表达空间（杨信彰，2009），所以多模态语类结构大部分是非线性的多维结构。多模态视觉语篇的阅读路径大都是非线性的，因为视觉认知对于读者不是被动的，是一个积极构建的过程（Bateman，2008）。由不同模态组成的静态多模态语篇，其语类结构各个功能组成步骤的排列通常是二维的，即使已经确定了其结构的必选步骤和可选步骤，我们也无法确定各个步骤之间的排列顺序。所以对于多模态语类，其结构的各个步骤在页面上的布局是其语类结构特征的重要部分。布局在二维多模态语篇中是一种模态（Kress，2009），是表达意义的一种重要手段，不同组成步骤在页面上的不同位置的分布体现着不同的信息价值和意义，各个成分之间的二维布局关系影响着整个语篇的意义。

期刊封面通常由刊名、期卷号、刊号等不同的功能成分所组成，每一个功能成分对于实现期刊封面这一语类的交际目的起着不同的作用，所以每一个功能成分就相当于一个语类步骤。因为"步骤"一词强调先后顺序，而二维静态多模态语篇的功能成分很难根据先后顺序进行区分，所以我们使用"语类成分"一词代替传统语类研究的"语类步骤"。对期刊封面语类特征进行描述时，在确定其必选功能成分和可选功能成分之后，还要确定各个语类成分在封面上的布局位置。

5.3.3　语类成分的布局结构模式

在描述多模态语类功能成分的布局特征时，以 Kress 和 van Leeuwen(2006)探讨图像的构图意义时提出的已知-新-理想-现实和中心-边缘相结合的布局结构模式为基础来确定各个语类成分在二维平面上的布局特征。为了标注方便，我们把象限用字母代表，标注时首先确定语类成分的具体象限，然后再确定是处于中心还是边缘区域。中心和边缘区域的划分方法是，把中心的圆形区域的直径设定为封面纵向宽度的二分之一，大约占横向宽度的五分之三左右。有的语类成分的布局可能跨越几个象限，并且同时分布于中心和边缘区域。布局结构模式见图 5-1。

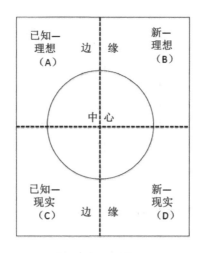

图 5-1 期刊封面语类成分布局示意图

（基于 Kress 和 van Leeuwen，2006）

5.3.4 模态之间的关系

多模态语类不同模态的符号之间的关系对于实现语类的交际目的有着重要的意义，所以是其语类结构特征的重要方面。

对于不同模态之间的关系的描述我们以 Martinec 和 Salway(2005)所建立的图文关系系统为基础，同时对逻辑语义关系系统做了补充，增加了"没有关系"这一图文关系类型。由于 Martinec 和 Salway 在建立图文关系框架时是以媒体新闻图文语篇为例，媒体多模态语篇通常不会有单纯以装饰美化为目的的图像出现，所以他们建立的图文关系框架中缺失了"没有关系"这一图文逻辑语义关系类型。但期刊封面语类的封面图像成分有可能只是对封面起到装饰和美化作用，另外文字模态的语类成分有多种，而图像模态的语类成分可能只是与其中一种文字模态的语类成分有明显逻辑语义关系，例如与刊名有明显逻辑语义关系，但与目录没有明显的逻辑语义关系。所以在描述不同模态之间的关系时，需要增加"没有关系"这一图文关系类型。（见图 5-2)

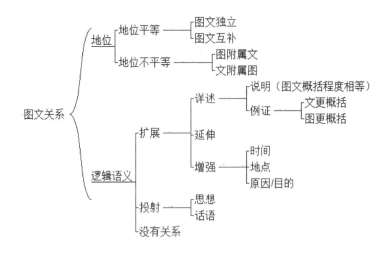

图 5-2　图文关系系统 (基于 Martinec 和 Salway，2005)

5.3.5　图像模态词汇语法层的特征系统

对语类的表达层面的分析，限于篇幅，我们只对语料库中静态平面多模态语篇图像这一功能步骤在词汇语法层的特征进行了标注和分析。首先根据图像包含的元素把图像这一功能步骤的特征分为三类：包含人的图像、没有人的图像、仅有色彩的图像。然后对包含"人"这一图像元素的封面图像以 Kress 和 van Leeuwen（2006）的视觉语法为基础对图像的互动意义进一步进行描述和标注。图像这一语类步骤的词汇语法层的特征的描述系统见图 5-3。

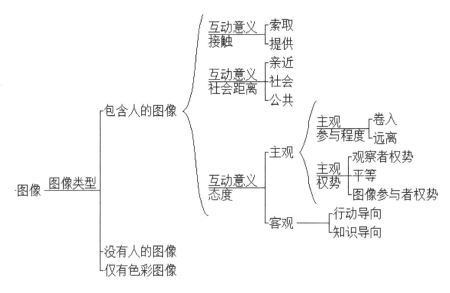

图 5-3　静态平面语篇图像语法层分析框架

5.4　语料库的建设原则和方法

5.4.1　UAM Image Tool 2.0

UAM Image Tool 2.0 是 Mick O'Donnell 开发的一款专门针对图像进行标注和统计的免费语料库工具。该工具可以实现对图像整体和切分段的标注，并对标注结果进行统计和对比，限于篇幅，对软件功能不再做进一步介绍。（软件和使用说明的免费下载地址：http://www.wagsoft.com/ImageTool/download.html）

5.4.2　语料库的建立

期刊大致可分为两类：大众期刊和学术期刊。两类期刊最显著的差异是消费模式的差异：学术期刊通常由中国知网统一收录，学术机构购买中国知网的使用权，科研人员（消费者）通过知网入口下载电子版，而纸质版通常也是通过机构统一订阅；而大众期刊通常是消费者直接从报刊亭或书店等地方购买，或者是通过互联网邮局等渠道直接订阅。所以学术期刊是间接面对消费者，而大众期刊是直接面对消费者，两者的消费模式不同。另外两类期刊生产模式方面也存在差异，学术期刊大部分是非营利性，而大众期刊是营利性的，生产资金来源不同。

Bateman（2008）认为多模态语类特征是载体、生产消费模式和表达模式（语言、布局的设计模式）这三个层面的制约因素共同作用而形成的。Bateman（2006）通过对比普通印刷版的报纸头版和网站的电子版报纸主页，发现网站页面的很大一部分是导航成分，其作用是帮助读者进入网站的信息，而印刷报纸页面的导航成分所占页面比例要比网站少得多，这两种载体的同一语类，在布局层面的特征具有较大差异，从而验证了载体对语类特征的影响和制约。但对于生产和消费模式对语类特征的影响 Bateman 并没有通过实证方式进行验证。

由于 UAM Image Tool 具有子语料库的对比功能，所以在客观描述期刊封面这一多模态语类特征的基础上，可以同时对比学术和大众两类不同生产和消费模式的期刊封面的次语类特征，进而可以验证 Bateman 提出的生产和消费模式决定语类特征这一论断，同时深入探索生产消费模式与语类特征之间的具体关系。

我们建立了一个由 100 个期刊封面组成的多模态语料库，学术和大众期刊封面各 50 种。由于两类期刊在消费模式或消费渠道方面的显著差异，在采集封面样本时，我们通过不同的渠道进行。学术期刊封面通过中国知网来采集，大众期刊封面通过报刊亭采集。不同的采集渠道也是区分学术和大众两类期刊的重要方法。

中国知网的学术期刊总体分为 10 大类，我们在每一类期刊影响因子排名前 10 位的期刊中任意选取 5 种共 50 种期刊的封面。在选取大众期刊样本时，我们收集了某城市中的 3 个规模较大报刊亭中所有种类期刊的封面，发现每个报刊亭的期刊种类平均为 120－140 种。三个报刊亭共有的期刊约有 70 种，随机选取其中 50 种作为研究样本。

5.4.3　语料库的标注

标注之前我们随机在语料库中选取一种期刊作为样本进行定性分析，先确定其基本的语类成分，之后根据前文所述的布局结构模式和模态关系系统分别确定其语类成分的布局位置和不同模态之间的关系。选取的样本是《妈咪宝贝》2014 年 12 期的封面，以对该封面进行定性研究的结果为基础，初步构建基本的语类特征标注体系，然后对语料库进行标注。

标注分为四个层次：期刊类别、语类成分、布局和模态关系。期刊类别是整体标注，标注的特征是学术和大众两种封面类型，其他三个层次属于切分段标注。语类成分名称的标注体系是在对封面样本标注的过程中逐步完善的，当遇到标注体系中没有的新的语类成分时就把该成分名称作为特征加入标注体系后再进行标注，当完成所有 100 个样本的标注之后，经过完善后的语类成分名称的标注体系一共有 27 个特征(见表 5-1)。

表 5-1　期刊封面的语类成分统计结果

序号	语类成分	出现次数	比例	序号	语类成分	出现次数	比例
1	中文刊名	100	100.00％	15	二维码	17	17.00％
2	期卷号	100	100.00％	16	基金来源	15	15.00％
3	封面图像	98	98.00％	17	拼音刊名	13	13.00％
4	外文刊名	87	87.00％	18	发行周期	11	11.00％
5	刊号	68	68.00％	19	主办单位(英)	8	8.00％
6	目录	59	59.00％	20	主管单位(中)	5	5.00％
7	条码	59	59.00％	21	出版单位(英)	4	4.00％
8	期刊评价	49	49.00％	22	地址	2	2.00％
9	标志	47	47.00％	23	广告	1	1.00％
10	价格	44	44.00％	24	内容提示	1	1.00％
11	主办单位(中)	37	37.00％	25	主管单位(英)	1	1.00％
12	邮发代号	24	24.00％	26	电子邮箱	1	1.00％
13	出版单位(中)	22	22.00％	27	微博网址	1	1.00％
14	网址	20	20.00％	合计		894	

对于语类成分的布局位置以图 5-1 为根据建立的标注体系进行标注。体系中的语类成分的布局位置包括 A、B、C、D 象限系统和中心－边缘两个子系统共 12 个特征(见表 5-2),每一个布局位置类型为一个特征。确定语类成分的布局位置时主要是根据标注者的判断。为了使标注结果更加准确客观,在标注时对布局位置可能产生争议的语类成分采用三人小组集体讨论的方法,意见达成一致后再确定其布局位置。

表 5-2　期刊封面主要语类成分的布局统计结果(N＝数量)

特征	中文刊名 比例	N	期卷号 比例	N	图像 比例	N	外文刊名 比例	N	刊号 比例	N	目录 比例	N	条码 比例	N	期刊评价 比例	N	标志 比例	N
A	13.00%	13	27.00%	27	0.00%	0	14.94%	13	19.12%	13	0.00%	0	1.69%	1	34.69%	17	36.17%	17
B	4.00%	4	29.00%	29	1.02%	1	13.79%	12	45.59%	31	1.69%	1	3.39%	2	20.41%	10	10.64%	5
C	0.00%	0	17.00%	17	0.00%	0	2.30%	2	20.59%	14	6.78%	4	84.75%	50	18.37%	9	21.28%	10
D	0.00%	0	13.00%	13	0.00%	0	0.00%	0	10.29%	7	3.39%	2	10.17%	6	2.04%	1	14.89%	7
AB	82.00%	82	9.00%	9	3.06%	3	63.22%	55	1.47%	1	8.47%	5	0.00%	0	24.49%	12	4.26%	2
CD	0.00%	0	5.00%	5	3.06%	3	3.45%	3	2.94%	2	22.03%	13	0.00%	0	0.00%	0	12.77%	6
AC	0.00%	0	0.00%	0	1.02%	1	1.15%	1	0.00%	0	0.00%	0	0.00%	0	0.00%	0	0.00%	0
BD	0.00%	0	0.00%	0	0.00%	0	0.00%	0	0.00%	0	1.69%	1	0.00%	0	0.00%	0	0.00%	0
ABCD	1.00%	1	0.00%	0	91.83%	90	1.15%	1	0.00%	0	55.93%	33	0.00%	0	0.00%	0	0.00%	0
中心	5.00%	5	19.00%	19	18.00%	18	11.49%	10	10.29%	7	6.78%	4	3.39%	2	24.49%	12	14.89%	7
边缘	84.00%	84	73.00%	73	1.00%	1	64.37%	56	89.71%	61	32.20%	19	96.61%	57	71.43%	35	82.98%	39
中心＋边缘	11.00%	11	8.00%	8	81.00%	81	24.14%	21	0.00%	0	61.02%	36	0.00%	0	4.08%	2	2.13%	1
主要位置	AB/边缘		B/边缘		ABCD/中+边		AB/边缘		B/边缘		ABCD/中+边		C/边缘		A/边缘		A/边缘	

标注不同模态之间的关系时,只标注刊名—图像和目录—图像两种关系类型。因为与封面图像能够最直接的发生关系的文字内容首先是刊名,其次是目录,其他功能成分例如刊号、期号等文字模态的内容与图像通常没有直接的关系,所以不做分析。

5.5　统计结果分析和总结

5.5.1 多模态语类的载体制约和结构原型

语类载体是指某一语类的语篇存在的中介,纸张、电脑屏幕和声音等都是语类的载体。传统语类分析方法在描述语类结构时没有考虑载体对语类特征的制约,所以单一模态的传统语类语篇样本可以包括该语类结构的所有必选和可选成分,也可以只包括必选成分。但对于多模态语类，载体是语类特征形成的重要制约条件(Bateman，2008)，所以在描述语类时必须要考虑载体制约。例如期刊封面这一语类的载体通常是 A4 大小的页面，考虑到语篇的可识读性，在有限的页面面积上所能承载的语类成分数量也是有限的，有一个最佳值。在统计过程中发现：期刊封面语类的语篇样本中，只有必选成分组成的语篇实例是不存在的，同时包括所有必选和可选成分的语篇样本也不存在。

根据认知语言学的原型理论，原型是一个范例，是一个范畴的概念中心，是在一个范畴中最好的、最典型的、最能用来代表这一范畴的、最称职的个体(Tarlor，2003)。研究语类特征的目的之一应包括归纳出某一语类最典型、最具有代表性的语篇结构特征(刘润清，2013)，所以我们在 Halliday 和 Hasan(1989)提出的语类结构潜势基础上，进一步提出"多模态语类结构原型"这一概念，多模态语类结构原型是某一多模态语类潜在的、最典型的语篇结构模型，包括必选成分、主要可选成分、语类成分出现频率的排序和语类成分的布局位置四个方面的特征。

由于传统的语类结构潜势理论下的语类框架结构没有包括"可选语类成分的出现频率"这一特征，而且因为是一维的线性结构，对于二维语类的布局位置潜势以及因为载体制约需要考虑的最佳语类成分数量也没有探讨。语类结构原型是对语类结构潜势从可选成分的出现频率、布局位置潜势和最佳语类成分数量等方面的细化描写。

语类结构原型和潜势两者相结合的模式，可以使我们更为精准、细致和全面的描写多模态语类的语类特征，从而对多模态语类的识读和实际产出起到更好指导作用。以期刊封面语类为例，当掌握了其语类结构原型以后，我们可以根据期刊实际需求更好的设计其封面。例如某一类大众期刊想要使其封面更加独特以吸引消费者，那么在设计时就可以使封面的结构模式与语类结构原型有较大的偏离；如果期刊想要使其封面看起来更加正统，以增加对期刊内容规范性等方面的暗示，那么其封面设计就可以与语类结构原型更加接近。另外需要指出，多模态语类结构潜势(框架结构)和原型两者都会随着时代的发展而发生变化。

(1)期刊封面语类结构成分

从表 5-1 的统计结果可以看出，在 100 个期刊封面中，出现的语类成分的类型共有 27 种，出现频率为 100％的成分只有刊名和期卷号，所以期刊封面语类的必选成分只有刊名和期卷号两种，其基本的语类结构潜势是 2 种必选成分加上 25 种可选成分。

语料库里的 100 个语篇的功能成分总数为 894 个，每个期刊封面平均包括大约 8.94 个语类成分，约等于 9 个成分，所以期刊封面语类的原型结构应由 9 个成分组成。这 9 个成分是出现频率最高的前 9 个功能成分，中文刊名和期卷号是必选成分，另外 7 个是主要可选成分，分别是图像、外文刊名、刊号、目录、条码、期刊评价和标志(见表 5-1)。

(2)期刊封面语类成分的布局特征

出现频率最高的 9 个语类成分在封面页面上 A、B、C、D 四个象限中分布特征见表 5-2。语类成分分布比例最高的象限为该成分在语篇中的主要布局位置。

(3)期刊封面语类结构原型

根据表 5-1 和表 5-2 的统计分析结果，确定必选成分、主要可选成分和语类成分出现频率的比重之后，再根据表 5-2 的统计数据显示的功能成分的主要布局位置，勾画出期刊封面的语类结构原型（见图 5-4）。图中不加括号的语类成分为必选成分，括号中的语类成分为可选成分，每个语类成分前面的序号是该成分的出现比例的排序，语类成分名称所在位置是该成分在封面平面上的布局位置，排序为 1、2 的中文刊名和期卷号为必选成分，其他 7 个是主要可选成分。

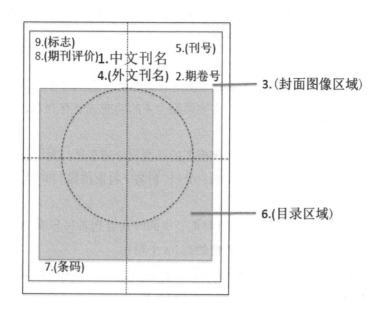

图 5-4　期刊封面语类结构原型

勾画期刊封面语类结构原型的具体操作过程如下：首先根据表 5-1 确定必选成分主要可选成分和语类成分出现比例的排序之后，再根据表 5-2 的统计数据显示的结果确定功能成分的主要布局位置。在确定语类成分在语类结构原型中的位置时，以该成分出现频率最高的位置为准。对于布局位置在相同区域的不同语类成分，还需要确定不同成分的相对位置，首先确定各个语类成分的具体布局区域，然后再根据表 5-2 中统计数据的综合对比，确定同一布局区域的不同语类成分的相对位置。

确定语类成分布局位置的具体操作过程如下：表 5-2 的最下一行"主要位置"是语类成分分布比例最高的区域，从表 5-2 的数据看，中文刊名占据 AB 两个象限和边缘的比例最高，分别是 82％和 84％，所以初步确定其布局的主要位置是 AB 两个象限的边缘位置。外文刊名和中文刊名的主要位置一样，分布区域比例最高的也是 AB 两个象限的边缘位置，但是外文刊名占据中心区域的比例是 11.49％，跨越中心和边缘两个区域（中心＋边缘）的比例是 24.14％，高于中文刊名的 5.00％和 11.00％，所以可以确定外文刊名更靠近中心区域，中文刊名更靠近边缘。同处于 A 象限边缘的期刊评价和标志与 B 象限边缘的刊号和期卷号也是用同样的方法确定其相对位置的，期刊评价占据中心区域的比例是24.49％，跨越中心和边缘的比例是4.08％，分别高于标志的14.89％和2.13％，所以期刊评价更接近中心区域；期卷号占据中心区域和跨越中心和边缘的比例分别是19.00％和8.00％，高于刊号的10.20％和0.00％，所以期卷号更接近中心区域。目录和封面图片都是占据A、B、C、D和中心＋边缘区域，因为封面图片通常是期刊封面的整体背景，和其他语类成分的区域是可以重合的，所以大致占据整个封面页面。为了保证语篇的可识读性，文字模态的目录通常不会和刊名、标志、期卷号、刊号等语类成分重合。并且从表5-2的数据看，目录占据C、D两个象限的比例显著高于A、B两个象限，所以确定目录的区域大致是在刊名以下范围小于图像区域。

（4）不同模态之间的关系

期刊封面语类结构原型中的两个必选成分和7个主要可选成分中，以图像模态为主的功能成分有封面图片、条码和标志，以文字模态为主的功能成分有刊名、目录、刊号、期卷号和期刊评价。

由于刊号、期卷号和期刊评价等文字模态的语类成分的意义与封面图像通常没有直接的关系，所以在分析模态之间关系时我们只分析"刊名—封面图像"和"目录—封面图像"之间的关系。

从表5-3的统计结果可以看出，100种期刊中同时具有刊名和非单纯色彩图像的有80个期刊，同时具有目录和非单纯色彩图像的有53个期刊。

为了深入地描述不同模态语类成分之间的关系，我们对"刊名—封面图像"和"目录—封面图像"之间的关系做了进一步对比分析（见表5-3）。

表5-3　"刊名—封面图像"和"目录—封面图像"图文关系统计结果对比

| 语类特征 | 刊名—封面图像 | | 目录—封面图像 | | | |
	比例	数量(N)	比例	数量(N)	T检验值	显著性
地位	N＝80			N＝53		
地位平等	93.75％	75	66.04％	35	4.399	＋＋＋
地位不等	6.25％	5	33.96％	18	4.399	＋＋＋
平等	N＝75			N＝35		
图文独立	78.67％	59	48.57％	17	3.308	＋＋＋
图文互补	21.33％	16	51.43％	18	3.308	＋＋＋
不平等	N＝5			N＝18		
图附属文	60.00％	3	77.78％	14	0.776	
文附属图	40.00％	2	22.22％	4	0.776	
逻辑语义	N＝80			N＝53		
扩展	83.75％	67	71.70％	38	1.674	＋

续表

语类特征	刊名－封面图像		目录－封面图像			
	比例	数量(N)	比例	数量(N)	T检验值	显著性
投射	0.00%	0	11.32%	6	3.172	＋＋＋
没有关系	16.25%	13	16.98%	9	0.11	
扩展	N=67			N=38		
详述	61.19%	41	28.95%	11	3.308	＋＋＋
延伸	29.85%	20	65.79%	25	3.779	＋＋＋
增强	8.96%	6	5.26%	2	0.68	
详述	N=41			N=11		
说明(图文概括程度相等)	14.63%	6	36.36%	4	1.634	
例证	85.37%	35	63.64%	7	1.634	
例证	N=35			N=7		
文更概括	91.43%	32	100.00%	7	0.791	
图更概括	8.57%	3	0.00%	0	0.791	
增强	N=6			N=2		
时间	0.00%	0	0.00%	0	0	
地点	66.67%	4	100.00%	2	0.866	
原因/目的	33.33%	2	0.00%	0	0.866	
投射	N=0			N=6		
思想	0.00%	0	66.67%	4	0	
话语	0.00%	0	33.33%	2	0	

从表 5-3 的统计数据和 t 分布检验的结果可以看出，刊名和图像之间的地位关系主要是地位平等、图文独立，两者的比例占到 93.75% 和 78.67%。刊名和图像之间的逻辑语义关系主要是扩展、详述关系，比例分别是 83.75% 和 61.19%。

目录和图像之间的地位关系主要是地位平等、图文互补，所占比例分别为 66.04% 和 51.43%，目录和图像之间的逻辑语义关系主要是扩展、延伸关系，所占比例分别为 71.70% 和 65.79%。

以上的统计结果表明，在期刊封面这一多模态语类中，大多数的图像模态语类成分和文字模态语类成分之间是存在较为紧密的意义关系的，通常是一种模态通过扩展方式增加了另一种模态的意义。

数据统计同时显示，"刊名—封面图像"和"目录—封面图像"这两类图文关系在地位关系和逻辑语义关系方面整体上存在较大的差异。存在明显差异的关系类型包括：地位平等、地位不平等、图文独立、图文互补、投射、详述、延伸7种关系类型。

造成这些差异的主要原因是刊名和目录在语言结构和语义内容方面存在较大的差异。刊名通常是较短的名词短语，所以其语义内容很有限，而目录的结构形式多样灵活，包括短语、小句以及小句复合体等，同时目录通常是多条，所以语义非常丰富，但通常只有一小部分目录的内容与封面图片有明显的逻辑语义关系，在分析目录与封面图像之间的逻辑语义关系时，我们以目录与封面图像最凸显的语义关系作为两者之间的关系类型。以上这些原因导致刊名和目录与图像之间的关系类型有较大差异。

5.5.2 学术期刊封面和大众期刊封面的语类结构的对比

表5-4是对学术期刊封面和大众期刊封面各语类成分数量以及其所占语类成分总数的比例的对比分析结果。

表 5-4　学术期刊封面和大众期刊封面的语类成分统计结果对比

语类特征	大众期刊		学术期刊		T 检验值	显著性
	比例	数量	比例	数量		
基础单位	$N=470$		$N=426$			
中文刊名	10.64%	50	11.74%	50	0.521	
外文刊名	7.87%	37	11.74%	50	1.953	＋
刊号	6.60%	31	8.69%	37	1.179	
期刊评价	5.96%	28	4.93%	21	0.675	
目录	10.21%	48	2.58%	11	4.649	＋＋＋
标志	2.13%	10	8.69%	37	4.44	＋＋＋
期卷号	10.64%	50	11.74%	50	0.521	
封面图像	10.64%	50	11.74%	50	0.521	
条码	9.57%	45	3.29%	14	3.816	＋＋＋
邮发代号	5.11%	24	0.00%	0	4.783	＋＋＋
发行周期	0.85%	4	1.64%	7	1.075	
价格	9.36%	44	0.00%	0	6.626	＋＋＋
网址	3.83%	18	0.47%	2	3.419	＋＋＋
二维码	3.19%	15	0.47%	2	2.994	＋＋＋
出版单位(中)	1.49%	7	3.52%	15	1.965	＋
出版单位(英)	0.00%	0	0.94%	4	2.108	＋＋
主办单位(中)	0.64%	3	7.98%	34	5.607	＋＋＋

续表

语类特征	大众期刊		学术期刊		T 检验值	显著性
	比例	数量	比例	数量		
主办单位(英)	0.00%	0	1.88%	8	2.996	＋＋＋
基金来源	0.43%	2	3.05%	13	3.072	＋＋＋
拼音刊名	0.21%	1	2.82%	12	3.271	＋＋＋
广告	0.00%	0	0.23%	1	1.05	
内容提示	0.00%	0	0.23%	1	1.05	
主管单位(中)	0.21%	1	0.94%	4	1.457	
主管单位(英)	0.00%	0	0.23%	1	1.05	
地址	0.00%	0	0.47%	2	1.487	
电子邮箱	0.21%	1	0.00%	0	0.952	
微博网址	0.21%	1	0.00%	0	0.952	

从表 5-4 的统计数据和 t 分布检验的结果可以看出，学术期刊封面和大众期刊封面在语类成分数量及所占比例方面有明显差异的语类成分共 11 种（显著性为三个"＋"的成分）。

其中大众期刊封面在目录、条码、邮发代号、价格和二维码这 5 类成分的数量和比例显著高于学术期刊。造成这种差异的主要原因是两种期刊的发行渠道或者说消费模式的不同。对于大众期刊，消费者通常需要直接购买或订阅获得，期刊要直接面对消费者。以目录成分为例，因为消费者在书架上首先看到的是期刊封面，将期刊的主要内容也就是目录在封面上展示出来会起到吸引消费者的作用，所以目录这一成分在大众期刊封面语类中出现的比例显著高于学术期刊。学术期刊购买通常由机构完成，购买时期刊不直接面对消费者，封面吸引读者的作用对期刊销售这一环节所起的作用有限，所以在学术期刊封面这一语类中，目录这一成分的出现频率较低。

发行渠道的差异同样是条码、邮发代号、价格和二维码这些成分在大众期刊封面中出现的比例显著高于学术期刊的主要原因。因为条形码的主要作用是通过计算机自动进行阅读识别，然后找定价、做累计、进行产品汇总结算等，条码有利于产品经营管理和销售。邮发代号和价格方便读者订阅和购买，二维码可以使读者快速通过移动设备进入期刊的网站，这些语类成分的功能都是有利于大众期刊的销售和宣传。所以发行渠道不同是这些语类成分在大众期刊封面中出现频率高于学术期刊封面的主要原因。发行渠道的不同其实质就是 Bateman(2008)所说的语类的消费模式的不同，大众期刊是一种直接面对个人消费者的营利性商品，而学术期刊是销售过程直接面对机构的非营利性学术资料，在消费模式方面两者有明显差异。

另外，主办单位(中)、主办单位(英)、基金来源这几个成分在学术期刊封面中的分布比例显著高于大众期刊封面，因为学术期刊大部分是非营利性质的，基金来源和主办单位分别是学术期刊运行的主要资金来源和其地位基础，所以这 3 类功能成分在学术期刊封面中出现的比例高于大众期刊，造成这种差异的本质原因是两类期刊生产模式方面的不同。

综上所述，生产和消费模式的差异是造成学术期刊封面和大众期刊封面两种次语类在语类结构方面存在差异的主要原因。通过以上的对比分析结果，我们验证了 Bateman (2008)所提出的"生产和消费模式的制约是语类特征形成的重要原因"这一观点。

5.6　结　语

本章尝试通过使用语料库软件 UAM Image Tool 2.0 建立期刊封面语类的多模态语料库，以语料库的统计分析结果为基础对其语类特征进行归纳和描述。提出了语类结构原型这一概念，并且勾画出期刊封面的语类结构原型，完善了系统功能语言学的语类分析方法，使之适用于对多模态语类的分析。另外，通过进一步对比学术期刊封面和大众期刊封面的语类特征差异，证实了生产和消费过程对多模态语类特征的制约作用。本章的研究结果可以对期刊封面的设计提供理论指导，同时本章所建立的多模态语料库的语类分析方法可以进一步应用到例如平面广告、产品商标、书籍封面等其他多模态语类的研究中，为揭示这些多模态语类的特征提供切实可行的操作方法。但本章所建立的多模态语类分析方法仅适用于图文组成的静态多模态语类，而且由于篇幅所限，没有对各个语类成分的表达层面的特征进行分析和统计，在今后的研究中为了更准确地描述期刊封面语类的特征，还需要对多模态语类各功能成分在表达层面的特征进行深入描写。另外本章所选取的封面样本全部是版面约为 A4 纸张大小的期刊，对于其他不同版面期刊封面的语类特征还需要进一步对比研究。

第6章　动态视频多模态语篇的社会情境模式分析

6.1　引言

自视频电影语篇诞生以来，各学科的学者已从不同的视角对电影语篇进行了深入研究。本章将讨论几种与研究相关的动态电影（视频）语篇分析方法，以及多模态互动分析与语言语篇分析的社会实践方法，并在此基础上构建了社会情境模式的电影语篇分析方法。本章对视频语篇重新进行定性描述，指出视频语篇包括本质、内容、形式和载体 4 个层次。视频语篇的本质是语境重构的社会情境，内容是社会行为，形式是连续播放的图片，载体是数字化文件，各层次之间的关系是体现关系，对视频语篇的全面分析需要在不同层次上进行。本章还以电视节目"我们约会吧"为例，对目前研究很少涉及的视频语篇的本质层进行了具体的分析。

6.2　动态视频多模态语篇的分析模式概述

随着科学技术的高速发展，视频语篇（video text）已经成为人们交流和传递信息的最重要手段之一，语言学界也已经开始关注对视频语篇的研究。

由于视频语篇的复杂性和特殊性，以及现有语言学理论的局限性，使得目前对于视频语篇的分析还存在很多困难。

目前国内外对视频语篇的分析模式主要有以下 5 类。

6.2.1　社会功能模式的动态视频多模态语篇分析

与对静态多模态语篇的研究相比，对电影语篇——即动态视频多模态语篇的研究仍然相对较少。社会功能方法对电影语篇分析是基于 Halliday（1978，1994）发展的系统功能语言学

(SFL)理论，主要分析电影、电视商业广告等多模态电影语篇。如同语言语篇一样，动态视频多模态语篇也是社会过程的体现，并实现三大元功能：概念功能、人际功能和语篇功能。

严格来说，社会功能模式的动态视频多模态语篇分析方法还可以进一步区分为两种视角：社会符号学方法（例如：Bateman，2007；Bateman 和 Schmidt，2012；Tseng，2013；Feng，2012）和系统功能语言学方法（例如：Baldry 和 Thibault，2006；O'Halloran 和 Tan，2013；O'Halloran 和 Lim，2014）。

（1）社会符号学方法

社会符号学方法对动态视频语篇的分析主要依托于 Martin(1992，2003，2007)构建的语篇语义理论。Bateman 和 Schmidt(2012)认为，电影语篇与语言语篇的类比关系存在于语篇语义的层面，因为电影语篇中的意义构建机制类似于语言语篇层面的意义构建机制，而且电影意义的解释实质是语篇层面的意义解释。

基于 Metz(1974)关于电影语篇的代表性成就——大叙述法，即电影语篇中镜头组合选项的系统，Bateman 和 Schmidt(2012)在结构符号学方法的基础上重构了 Metz(1974)所建立的大叙述法。改进后的大叙述法主要是关于电影语篇中两个相邻镜头之间的语义关系的描述（见图 6-1）。

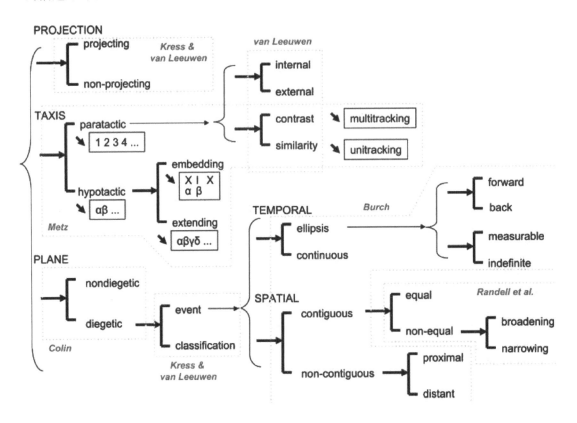

图 6-1 大范畴法（the grande paradigmatique Bateman，2007）

依据语言与电影在语篇语义层面的类比关系及 Martin(1992，2007)发展的语言语篇的语义系统理论，Tseng(2013)进一步分析了电影语篇的衔接机制。Tseng(2013)和 Bateman 和 Schmidt(2012)的研究主要关注电影语篇的语篇和逻辑方面。Feng(2012，2013)在社会符号学视角下，借助评价理论(Martin 和 White，2005)框架以及对电影情感和观众参与的认知电影研究(例如：Carroll，2003；Tan，1996；Smith，1995；Zillmann，1994)，聚焦于电影语篇在语篇层面人际作用机制的研究，构建的电影情感意义的分析框架，用于分析电影语篇中的角色情感、角色评价和角色属性。

(2)系统功能多模态语篇分析方法

系统功能多模态语篇分析方法(SF－MAD 方法)主要由 O'Halloran 及其追随者(例如：O'Halloran 和 Tan，2013；O'Halloran 和 Lim，2014)所构建，系统功能多模态语篇分析类似于社会符号学方法，因为它们都是基于 Halliday 的系统功能语言学理论。

二者的区别在于，前者专注于对特定电影语篇(主要是以电视商业广告为研究对象)的意义的探索，而后者则关注于一般电影语篇在语篇语义层面上的语法模式的构建。

对于 SF－MAD 方法的多模态视频语篇分析是通过对视频语篇的全面转录和注释完成的，这一过程通常得到计算机软件的支持。分析时全面分析视频语篇各种模态的意义，包括语言、图像、音乐、声音以及模态间的关系。分析的理论工具主要是 Kress 和 van Leeuwen(2006)所构建的视觉语法。SF－MAD 方法在意义分析过程中强调语境的作用，通过由下而上的分析方法，推导出语篇在意识形态层面的意义表达。

6.2.2　解释模式的多模态视频语篇分析方法

解释模式的多模态视频语篇分析方法是由 Wildfeuer(2013)提出，Bateman 和 Wildfeuer(2014)进一步深入阐述了此分析方法。

社会符号学方法是从作者或电影制作者的视角处理电影语篇，而解释方法则是从读者或观众的视角分析电影语篇的意义。这种方法的主要理论基础是分段语篇表示理论(Asher 和 Lascarides，2003)和语篇表示理论(Kamp，1981；Kamp 和 Reyle，1993)。

解释方法认为 Asher 和 Lascarides(2003)为语言语篇制定的逻辑语篇解释框架同样适用于电影语篇，可以用来解释电影语篇结构和构建该结构的语篇关系。

解释模式的电影语篇分析方法的一个重要特征是认识到电影语篇的意义是在两个层面上建立的。Wildfeuer(2013)构建的电影语篇分析模型侧重于两种电影语篇解释的逻辑：一方面是语篇意义内容的逻辑，另一方面是意义构建和语篇发展的逻辑(见图 6-2)。这意味着电影语篇的意义是通过两个层面构建的：语义内容和逻辑命题。

情境和情境解释的概念源自语言语篇解释。Asher 和 Lascarides(2003)提出，语篇中的意义通常具有情境变化潜力(CCP)。换而言之，句子的意义必须在情境中分析，并考虑前后句子的信息。Van Dijk(1985)也指出：语篇表达的意义应首先作为句子序列分析，然后是由谓词和多个可能具有不同(格)角色的论元组成的命题。这意味着语言语篇的意义是基于语篇自身的内部情境构建的。类似于语言语篇，电影语篇的双层次意义解释过程也是真实存在的，而且更为突出。

解释模式的多模态视频语篇分析认为电影语篇的语义层面分为两个层次，即内部情境层和命题意义层，电影语篇分析的研究重点是内部情境层面。

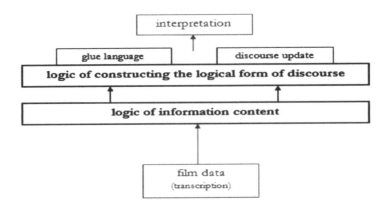

图 6-2 电影语篇解释的逻辑(Wildfeuer，2013)

6.2.3 认知模式的电影分析方法

认知电影分析方法指的是 20 世纪 80 年代以后，在北美(例如：Bordwell，1985，1989，2005；Carroll，2003；Anderson，2008)和欧洲(例如：Casetti，1998)的认知电影理论家们所进行的电影研究。他们的工作被归类为认知方法，因为它们都从认知科学的角度出发，来分析电影。

Bordwell(1989)提出，当观众或评论家理解一部电影时，他们构建的意义只有四种可能类型——指称意义、明确意义、隐含意义和征兆意义。

指称意义是观众构建的电影中的世界，即"在理解叙事电影时，观众构建了一些叙事或时空世界的版本，并创造了其中发生的持续故事(fabula)"。明确意义是观众构建的fabula 和叙事所指向的"点"，这是电影"有意"表明如何理解的意义。指称意义和明确意义构成了通常被认为是"字面"意义的部分。隐含意义可以被称为电影的"主题"，它并不明言。观众可能会基于指称意义和明确意义来构建隐含意义。隐含意义通常在某种程度上与作品的指称意义和明确意义一致，除了在讽刺的情况下。征兆意义是电影制作者未知的某些意义。它是"被压抑的"、非自愿的意义，通常基于意识形态。电影(制作者)对前三种类型的意义或多或少有所了解，但不了解征兆意义，这些意义被假设与指称、明确或隐含意义相矛盾。如果说明确意义像一件透明的衣服，隐含意义像半透明的面纱，那么征兆意义就像一种伪装。

Bordwell 对电影意义的划分是从电影语篇接收者的视角出发的。社会符号学方法从作者或电影制作者的视角分析意义，两种意义分析方法实际上是同一枚硬币的两面，电影语篇接收到的意义根本上基于语篇——作者产生的意义。可以说，这四种类型的意义是电影语篇在不同层次上的意义。从作者视角或社会符号学视角来看，指称意义是通过电影语篇所代表的世界或内部情境意义。明确意义是 SFL 传统中一般意义上的语义意义，它是作者意图传递并期望读者获得的直接信息或观点。指称意义是电影语篇信息或观点的明确意义的基础。

隐含意义和征兆意义是电影评论家关注的意义，而不是普通读者或观众直接关心的。这两种类型的意义并不是交际常识中的意义，它们更适合被称为对电影语篇作为艺术品的艺术评价，因为不同的人可能对一部电影的隐含意义和征兆意义有完全不同的理解。

因此，我们可以说，指称意义和明确意义是意义的两个基本层次。目前，大多数社会符号学研究电影语篇的作品（例如：Bateman 和 Schmidt，2012；Feng，2013；Tseng，2013）都集中在电影语篇明确意义的意义生成机制上，而电影语篇的内部情境很少被分析，大多被视为理所当然。本研究将主要关注电影语篇的内部情境层面的研究，或者用我们的术语，电影所代表的社会情境。

6.2.4　多模态互动分析

多模态互动分析是 Norris 在 Scollon 的介入性语篇理论（mediated discourse theory）的基础上建立的多模态分析框架，其最主要理论基础是 Scollon（1998，2001，2004）关于的中介话语和实践结点分析的研究，以及互动社会语言学和社会符号学方法的多模态相关研究。

多模态互动分析属于整体分析（holistic analysis），与传统的以语言为中心的话语分析不同，这种方法是以介入性行为（mediated action）为分析单位，在分析时同时考虑语境和环境（Norris，2011）。将话语分析无法进行具体操作的语境（环境）的分析具体化，认为环境是凝固活动，是多模态互动分析的基本单位的一种类型。

多模态互动分析还以视觉分析和话语分析为基础，认为语言只是实际交流过程中起作用的一种模态，在分析时把目光（gaze）、手势（gesture）、身体姿势（posture）等非语言的交流模态考虑在内，分析时能够深入揭示各种模态之间复杂的相互作用。

活动是多模态互动分析的基本单位。任何活动都是中介性的，单纯的话语也被看做是一种中介活动，是通过复合中介手段实现的，这些中介手段包括空气、肺、喉咙、嘴、齿、唇等，具体的语言也被看作是一种中介手段，例如英语、中文、德语。

活动划分为高层活动（higher－level actin）、低层活动（lower－level action）和凝固活动（frozen action）。一次谈话、一顿晚餐都属于高层活动。而一次谈话中具体使用的某一个手势、表情等属于低层活动，低层活动是交流模态的最小意义单位。高层活动是通过多种连续的低层活动以不同的方式互相连接和作用而形成的，同时低层活动也是为实现某一具体的高层活动而产生。一种高层活动可以内嵌于或者说包括在另一种高层活动中，例如一次谈话可以包括在一顿晚餐中。

多模态互动分析的基本单位是中介活动。活动总是通过中介手段才得以实现的，所以任何活动都是中介活动(mediated action)。中介手段在多模态互动分析中也称为文化工具，两个词语表达同一意义，可以互换。中介手段或文化工具是指任何充当介质的符号物体。社会活动通常是通过多重中介手段而实现的，例如一次谈话这一社会活动的中介手段包括：谈话发生的社会—时间—空间，谈话时活动者的姿势、手势、注视、口语语言、物体使用(object handling)以及房间布局、家具和桌上的物品等。通过研究活动者如何操控各种中介手段或交流模态，例如语言、手势、注视、房间布局等，可以让我们深入了解社会活动者的身份结构。

Norris 的分析模式关注的是人们在现实世界中交流时的交互行为(human interaction)，并非针对视频语篇，但是她的分析资料是通过视频录像捕捉到的，所以可以把 Norris 的分析模式也看作是针对视频语篇的研究。在这种分析模式下，视频语篇的本质被看作是社会交互行为(social interaction)，对社会交互行为的分析等同于对视频语篇的分析。

6.2.5 "现场即席话语"动态视频语篇分析模式

顾曰国(2006，2010)构建了基于语料库的现场即席话语分析方法。这种多模态语篇分析方法源于对现场即席话语的研究(例如：顾曰国，1997，1999，2002)。这里我们称之为视频语篇分析的现场即席话语模式。严格来说，现场即席话语方法并不是专门用于分析动态视频语篇的方法，因为它最初是为了分析通过摄像机录制并以动态视频语篇形式呈现的现场即席话语而开发的。基于 Argyle 等人(1981 年)对社会情境的研究，顾曰国(2006)提出，录制的现场即席话语的多模态语篇与社会情境是同构的，而录制的现场即席话语的动态视频语篇分析与社会情境分析是同一回事。或者换句话说，多模态语篇(动态视频语篇)的内容分析被视为与社会情境是同一回事。视频语篇的切分和注释通过如 Anvil 和 ELAN 等语料库计算机软件完成，因此现场即席话语方法也可以被视为多模态语篇分析的语料库方法。

现场即席话语是一个涉及两个或多个行动和交谈的人共同使用语言做事的社会过程(顾曰国，1999a)，它类似于社会接触(social encounter)的术语，录制的社会情境可以是完整的或是碎片化的。如果多模态语篇涵盖了一个完整的社会接触，则其内容是一个完整的社会情境，否则是碎片化的。

社会情境不被视为个体参与者行为的背景，而是作为活动类型的配置，进而是任务/情节的配置，又是参与者个体行为的配置。个体行为根据谈话、行动、行为、韵律单元的话语力等的配置来分析。(参见图 6-3)

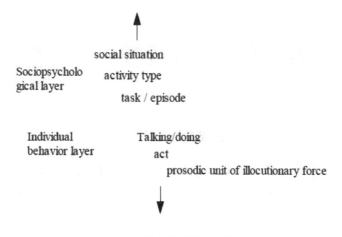

图 6-3　社会情境的分析框架

顾曰国(2009，2010)通过对一个中国大学周年庆典的样本分析，进一步阐述了现场即席话语方法，并进一步提出了一个分析社会情境的三元组成模型。在这个模型中，社会情境的分析分为三个层次，即情境对参与者的影响、参与者的行动以及情境的活动或情境作为系统的"系统性行为"，这是由参与者的相互作用以及由系统(情境)框定的行为结果。

例如周年庆典这样的社会情境作为一个目标导向的过程，情境对参与者行为的框定效应是分析的重点。通过以下方式分析社会情境：情境目标的一致性；达成目标模式的形式化；达成目标模式的不对称性；场所符号学的定位；徽章、服装、颜色和装饰的视觉符号学的定位；参与权的管理。

然而，顾曰国的现场即席话语方法仅限于少数录制的现场即席话语样本，并不适用于一般的动态视频语篇分析，他的分析模型基于社会心理学对社会情境影响个体的研究，如Argyle 和 Furnham(1981 年)的工作。这种分析模型的应用非常有限，可能只在分析某些具体的录制的机构话语时有效，而不适用于一般的动态视频语篇分析。该分析模型并非来自社会符号学视角，且完全忽略了对诸如蒙太奇、摄像机移动等模态的关注。但现场即席话语方法试图探索动态视频语篇的内容，而不是一般意义上的动态视频语篇的意义。这对于当前的研究具有重要意义，因为我们也关注动态视频语篇的内容。

以上 5 种分析模式，对视频语篇的定性描述和分析各有其侧重点和不足之处。社会符号学分析模式把视频语篇的本质看作是图片的连续体，只关注对视频语篇表现形式的分析，而忽略了本质和内容；在 Norris 的分析模式下，视频语篇的本质被看作是社会交互行为，对社会交互行为的分析等同于对视频语篇的分析，此种模式局限于内容是人的活动的视频语篇；顾曰国的分析模式把视频语篇等同于社会情境，忽略了社会情境在转换成视频语篇过程中发生的变化，也就是社会情境的语境重构过程。

6.3 动态视频多模态语篇本质的定性描述

6.3.1 动态视频语篇的层次模型

任何进入摄像机镜头范围内的客观世界中存在的一切，从人的活动到自然风景，到微观世界中的分子、原子等，都可能会被镜头记录下来，形成一个包含音频的视频文件，播放出来就是一个视频语篇。视频语篇还可以是形象化的主观世界的内容，例如人工制作的动画片等。由于视频语篇的复杂性和特殊性，对其进行系统的定性描述是进行分析的第一步。

一个视频语篇的物质载体首先是一个存储在电脑硬盘或其他媒体中的一个数字化的视频文件，当这个数字化的文件通过电脑、电视机或手机等媒介播放出来后就形成了包含音频的动态视频，视频的直观表现形式是连续播放的图片，通过图片的内容我们可以确定其中的参与者的具体行为，而不同的参与者及其具体行为和场景就构成了一个具体的社会情境，这个具体的社会情境可以看作是视频语篇的本质，作为视频语篇本质的社会情境通常会经过语境重构的过程，所以描述一个视频语篇应该从不同的层次上进行。我们从层次划分的角度对视频语篇作了以下的定性描述：视频语篇包括本质、内容、形式和载体四个层次；视频语篇的本质是语境重构的社会情境，内容是社会行为，形式是连续播放的图片，载体是数字化文件。（见图 6-4）

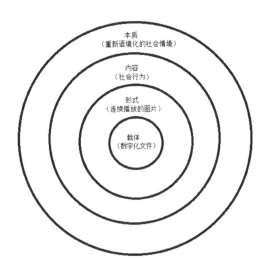

图 6-4 视频语篇的层次模型

视频语篇的每一层次之间的关系是体现关系（realization）。社会情境由社会行为体现，也就是社会情境的性质取决于其中的社会行为形式；社会行为需要通过其表现形式确定，也就是要通过连续的图片中的内容所体现；而视频图像中的内容最终取决于硬盘等媒介中储存的数字化视频文件所记录的内容。如果要充分的描述一个视频语篇，就要由本质到载体逐层进行分析和描述。

根据以上的层次模型，在现有的视频语篇的分析模式中，符号学流派针对的是视频语篇表现形式层的分析，Norris 的交互活动分析模型针对的是视频语篇的社会行为层，而对于视频语篇的载体的分析属于计算机科学领域的研究，下面着重探讨目前研究很少涉及的视频语篇的本质层的分析模式。

6.3.2　动态视频语篇的本质是语境重构的社会情境

（1）社会情境（social situation）

社会情境这一概念在前面提到的第三类分析模式中已经涉及。在顾曰国建立的多模态语篇的分析框架下，社会情境这一概念只是指内容是有人参与的社会接触（social encounter）的视频语篇，而没有包括那些内容不包括人和人的行为或社会接触的视频语篇，例如内容是自然风景、动物等的视频语篇。

本章在使用社会情境这一概念对视频语篇进行定性描述时其内涵意义有所变化和扩大。我们认为任何视频语篇都可以被看作是社会情境，包括那些内容不是人的行为或社会接触的视频语篇。因为任何视频语篇都是社会化了的内容。例如一个内容完全是自然风景的视频，其第一步的社会化过程就是摄像师的操作过程——摄像师调整镜头的角度、焦距，选择摄入到镜头范围中的内容。另外如果这段视频是一段电视节目，那么社会化的过程还可能包括在制作视频的过程中的导演、剪辑人员等其他参与节目制作的成员的工作。所以，任何视频语篇都是一个社会化的产物，我们可以把其内容的本质看作是社会情境。作为视频语篇本质的社会情境是被语境重构了的社会情境。

（2）语境重构（recontextualization）

视频语篇的社会化过程也就是社会情境的语境重构过程。

视频语篇的语境重构过程发生在 3 个层面：摄影师有选择的对视频内容进行录制；视频制作者对视频语篇进行编辑，例如镜头的剪切、组合、特效处理以及加入背景音乐和画外音等；不同的社会情境重新组合在一起共同形成一个新的整体的视频语篇。

一个视频语篇，可以是关于同一个社会情境的内容，也就是一个完整的社会接触，例如"我们约会吧"这一类的电视节目。但更多的情况是一个视频语篇包括多个社会情境，也就是多个社会接触。例如"焦点访谈"节目，包括主持人在演播室，记者在现场对当事人采访等多个社会接触，也就是多个社会情境。这些不同的社会情境重新组合，共同构成"焦点访谈"这一个视频语篇整体。所以社会情境在同一个视频语篇中重新组合也是社会情境的语境重构的过程。

(3)作为系统的视频语篇的社会情境层

综合了 Argyle 等对社会情境的研究和顾曰国的分析模式，我们认为视频语篇的社会情境层是一个系统，包括 6 个变量：目标（goals）、参与者（participants）、活动（activities）、架构（schema）、地点（place）和时间（time）。一个视频语篇的社会情境层可以同时包含这六个变量，也可以只包含其中一个或几个变量。

视频语篇本质层对变量的选择，取决于视频语篇的内容层。不同内容的视频语篇其本质层所包含的变量也不同。内容不包括人的活动的视频语篇只包含地点和时间两个变量，例如一个自然风景的短片。而内容是有人参与的社会接触的视频语篇则包括更多的变量。如果内容是一个社会接触片段，例如偶然拍摄的突发事件的视频语篇，那么其社会情境层可能只包括活动、参与者、地点和时间四个变量，如果内容是一个完整的社会接触的视频语篇，像"我们约会吧"电视节目，除了包括活动、参与者、地点和时间以外，还包括目标和架构，也就是 6 个变量全部包括。

6.4 动态视频多模态语篇社会情境分析模式的应用实例

下面我们以"我们约会吧"这个电视节目为例对视频语篇的社会情境层的 6 个变量进行初步分析。

（1）目标

社会情境首先是以目标为导向的。作为社会情境的"我们约会吧"节目包括三个层次的目标。第一层次的目标是平台的目标：要赢得高收视率，以提高湖南卫视的影响力。第二层次的目标是节目本身的目标：为男女嘉宾提供一个浪漫的舞台，帮他们找到理想的约会对象。第三层次的目标是节目参与者的目标：参与节目的男女嘉宾的目标是展示自己、找到理想的约会对象；观众的目标是亲身体验和观赏节目；主持人的目标是控制节目现场，使节目按步骤顺利进行等。

（2）参与者

参与者就是社会情境活动的主体。"我们约会吧"节目的参与者主要有四类：主持人、男女嘉宾、观众和节目的工作人员（摄像师、音响师、灯光师等）。为了实现社会情境的目标，每一类参与者都有不同的角色（role），参与者的行为受到角色的约束。例如：男女嘉宾要按照节目规则在台上选取自己的约会对象；观众在舞台下面观看节目录制，在适当的时候鼓掌欢呼；节目的工作人员进行现场节目录制等。

（3）活动

活动是指社会情境中参与者的活动。"我们约会吧"节目的社会情境中有两类活动同时进行：第一类活动是主持人和男女嘉宾以及节目中的观众等的活动，这些是节目的直接参与者的活动；第二类活动是节目的工作人员所进行的活动，例如摄像师拍摄节目，音响师为节目提供音响效果，灯光师进行照明等。两类活动同时进行但作用和地位不同，第一类活动是主体的，第二类活动是辅助的。

（4）架构

架构是指为实现社会情境的目标，社会活动所必须要遵循的程序和规则。以"我们约会吧"节目为例，主持人、男女嘉宾以及特邀嘉宾等参与者必须按照节目的规则，即架构展开活动。这个视频语篇的架构也就是节目的规则可以简单用以下文字描述（以 2011 年的"女选男"节目为版本）：

节目开始由主持人做开场介绍，18 位女嘉宾登场，被选男嘉宾登场，登场后男女嘉宾互动，期间播放两段被选男嘉宾的短片，男女嘉宾互相选择，约会成功，男女嘉宾一起退场，约会失败，男嘉宾一个人退场，下一个男嘉宾登场，重复上面的过程，五个男嘉宾全部登场并离开后，主持人收尾主持，节目结束。

如果要实现"我们约会吧"节目这个社会情境的目标，那么参与者必须按照节目的规则即架构展开活动。

（5）地点

地点是视频语篇社会情境层的重要方面。地点是指社会情境中的社会活动发生的具体场景。地点对社会情境中的活动有着重要的促进和控制的作用。"我们约会吧"节目这个视频语篇本质层的地点就是节目拍摄的演播厅（见图 6-5）。演播厅接近圆形，主体部分是舞台，高出其他部分约 50 厘米，两侧是观众席位，特邀嘉宾的席位在舞台右侧。演播厅这种结构设计对社会情境中的活动和个体行为起到重要的促进和控制作用。例如，摄影师、灯光师、音响师等的辅助活动通常只能发生在舞台之下，而男女嘉宾、主持人

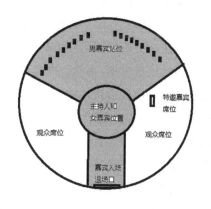

图 6-5　"我们约会吧"节目的地点图示

等的主体活动通常发生在舞台之上，男女嘉宾通常站在舞台上特定的位置进行交流，而且必须从指定的出入口登场和退场，观众的行为也只能局限于在观众席上鼓掌、欢呼等。通过以上的分析我们发现地点对社会情境中的活动、参与者的个体行为以及社会情境的目标的实现有着重要的促进和控制作用。

（6）时间

时间是视频语篇社会情境层的重要因素。社会情境中的社会活动和参与者的个人行为等一定会受到时间的控制和制约。以"我们约会吧"为例，这个节目每期通常大约是 70 分钟，在"男选女"节目中，每一位男嘉宾登场后在舞台上的时间大约是 15 分钟，期间要播

放两段大约每段时长 1 分半钟左右的有关男嘉宾的短片，被选男女嘉宾的互动要在剩下的 12 分钟内完成。所以，时间和地点一样，都会对社会情境中的活动、参与者的行为起到重要的控制和制约的作用。

6.5　结　语

本章详细讨论了动态视频多模态语篇的社会情境分析模式，旨在通过社会情境的角度深入理解和分析视频语篇的内涵。概述了当前对视频语篇分析的主要方法，包括社会功能模式、解释模式、认知模式、多模态互动分析和"现场即席话语"分析模式。每种方法都从不同的角度探讨了视频语篇的含义和结构，反映了该领域的多元和复杂性。社会功能模式深入探讨了社会符号学和系统功能多模态语篇分析方法。这些方法基于系统功能语言学和社会符号学理论，着重于电影和电视广告中的语篇功能、概念功能和人际功能。解释模式和认知模式的电影分析方法，强调了观众理解电影意义的过程，以及如何从电影接收者的视角出发，构建电影语篇的意义。多模态互动分析和"现场即席话语"分析模式探讨了 Norris 的多模态互动分析框架和顾曰国的"现场即席话语"动态视频语篇分析模式，指出了这些方法在分析视频语篇中的社会互动和情境时的应用和限制。另外，通过系统地描述视频语篇的层次模型(本质、内容、形式、载体)，阐明了视频语篇本质上是语境重构的社会情境，内容由社会行为构成，形式为连续的图像播放，而载体则是数字化文件。并且以电视节目"我们约会吧"为例，展示了如何应用社会情境分析模式来深入理解视频语篇。分析涵盖了目标、参与者、活动、架构、地点和时间等要素，展示了这些要素如何共同作用于视频语篇的生产和接收。

通过对动态视频多模态语篇的社会情境分析模式的深入探讨，本章为理解视频语篇提供了一个全面的理论框架，并通过实例分析展示了这一框架在实践中的应用。这不仅丰富了多模态语篇分析的理论和方法，也为研究者提供了分析视频语篇的有效工具。

第 7 章　动态视频多模态语篇的组成结构分析

7.1　引言

从社会符号学视角出发，可以把动态视频多模态语篇的篇内部语境层看作是语境重构的社会情境。本章将对社会情境在动态视频语篇中呈现时的组成结构以及发生的转换模式进行详细分析。社会情境是社会活动及其全部环境的总和。社会情境既包括社会活动发生的语境环境，也包括社会活动本身，它是全部环境及其内部实际符号活动的总和。传统的多模态话语分析将动态视频多模态语篇的视频内容视为二维视觉图像，并将听觉内容作为图像的补充，这在动态视频多模态语篇分析过程中引起了许多问题和困难。这些问题要么未解决，要么被简单忽视。将动态视频多模态语篇在内部语境层面作为语境重构的社会情境进行分析，为这些问题提供了解决方案。在内部语境层面，动态视频多模态语篇的分析与社会情境的分析是相同的。

7.2　从社会符号学角度定义社会情境

6.2.1　社会情境

社会情境这一术语在社会心理学研究中长期用于分析社会情境如何被社会活动者理解以及它们如何影响活动者的活动（例如：Argyle，Furnham 和 Graham，1981；Furnham 和 Argyle，1981）。不同研究领域的学者研究了社会情境的组成成分。Pervin（1978）区分了社会情境的基本组成部分，包括地点、时间、人物和活动等类别。将情境与游戏相比较，Argyle（1978）从认知角度识别了社会情境的组成部分；他提出社会情境包括行为、目标或动机、行为规则、角色、工具以及相关技能这些成分。Van Dijk(2009)提出，社会情境的组成部分可以概括为两大类别，即设置和发生，设置包括时间、地点和情况，发生包括活动者和活动。顾曰国(2006)认为，社会活动是与社会情节、社会场合、言语事件大致相当的术语。这表明社会活动是社会情境的最重要组成部分。

另一个与社会情境密切相关的术语是"社会实践"。van Leeuwen(2008)定义社会实践为社会规定的做事方式。社会实践是一个与社会情境类似的术语。在研究社会实践时，van Leeuwen(2008)提出社会实践的组成部分包括参与者、活动、表现模态、参与者的资格条件、呈现风格、时间、地点和资源(工具和材料)等。

社会实践的这些组成部分可以概括为三大类：参与者、社会活动和环境。社会情境不仅仅是社会(符号)活动发生的环境，还包括社会活动本身。所有情境都包括可以大致分为三大类型的成分：参与者、活动和环境。每种类型都包括一些子成分类型。参与者的成分包括角色、关系(参与者之间)和身份；活动包括工具、表现模态、模态；环境包括时间、空间(或位置)。

7.2.2　社会情境的组成成分

社会情境通常包括活动、工具、参与者、角色、身份、时间、空间。

社会情境需要一组扮演特定角色的参与者，如发起者、代理人、受影响者或受益者。参与者通常指执行社会活动的活动者。例如，"参加面试"的社会情境最少需要面试官和面试者。

任何社会情境的核心都是社会活动。活动是一系列按一定顺序进行的活动。社会活动是社会情境的核心，它构成了社会情境分析的最主要的分析内容。因为社会活动是社会情境的关键组成部分，因此，社会情境的划分是基于活动的。并且对一个社会情境的描述和分析以活动为中心。例如，在餐馆吃晚餐是一个社会情境，这个社会情境只能通过其核心社会活动来描述：在餐馆吃晚餐。Levinson (1992)认为社会活动是在特定文化中有目标的、有边界的事件，对参与者和活动程序等有限制。

Levinson 对活动类型的概念与 Norris (2004，2011)在社会互动分析中使用的高层次活动的概念基本相似。Norris (2004)认为几个次一级的高层活动可以嵌入另一个总的高层活动中。这意味着一个总体高层活动可以包括一系列次一级的高层活动。例如，在餐馆吃晚餐的高层活动由一系列次一级的社会活动组成，例如，打开餐馆门、走向桌子、坐在桌子旁、与服务员交谈并点餐、吃饭、付款和离开。

社会情境是以其中发生的社会活动为中心的，因此，根据其中发生的社会活动来命名一个社会情境。例如，将一个社会情境命名为工作面试情境，因为其核心社会活动是进行工作面试，尽管在视频多模态语篇中表示时，核心社会活动可能包括一些辅助性社会活动，例如面试前的准备活动以及面试后执行的活动。

工具是执行社会情境中的社会活动所需的或直接涉及的"道具"或物质资源。例如，工作面试的社会情境可能涉及使用桌子和椅子，以供面试官和面试者坐下。在餐馆就餐的情境中，食物、桌子、椅子和菜单都是社会活动所需的必要物质道具，因此说桌子、椅子和菜单都是该社会情境的工具。

社会情境的参与者在执行社会活动时始终扮演某些角色。参与者的角色与其身份不同。在本章中，角色和身份被视为两个情境元素，与身份不同，交际角色严格定义了特定情境下的角色。换句话说，角色被定义为参与者在社会活动中扮演的角色。

参与者也需要在特定社会情境中扮演具有适当身份的角色。身份也是社会情境的一个元素，伴随着参与者。它可以被视为参与者必须具备的特定社会情境中的"资格条件"。尽管身份也可以通过语言直接介绍，在视频多模态语篇中，参与者的身份大多通过活动间接表示和反映。参与者的社会身份也可以利用服装等（例如警察的制服）直接明确规定。

社会情境必须发生在特定的时间或一段时间内，因为任何社会活动只能在历史上的某个特定时间段内执行。有时在视频多模态语篇中可能没有清晰的时间表示。然而，时间永远不会在社会情境中缺席。

社会情境只能发生在特定的地点或位置。在电影《星空日记》中，大部分社会情境发生在北京大学校园，因为社会活动都集中在主人公身上，他是北京大学的本科生。

社会情境是一个目标引导的过程。因此，目标或目的是社会活动的重要因素。为了达到情境目标，社会情境的活动必须始终遵循某种模式。在机构化的社会情境中，模式最为明显。社会活动的模式类似于 SFL 传统中语言文本分析的文体的图式结构。例如在餐馆就餐情境的模式可以描述为：前往餐馆——服务员欢迎——坐下——点菜——吃饭——结账离开。

7.3　动态视频多模态语篇中社会情境的呈现结构

7.3.1　动态视频多模态语篇中社会情境的阶段性呈现结构

动态视频多模态语篇中呈现的社会情境具有明确的开始和结束，因为社会情境围绕社会活动展开，它具有物理上的开始和结束，并且通常持续一定的时间。

动态视频多模态语篇的具体的形式是一系列按时间顺序展开的伴随声音的图像流。由于社会活动和视频语篇都是在时间中展开，所以，社会情境在动态视频多模态语篇中呈现时，通常以一系列按时间顺序展开的镜头序列。尽管整个社会情境可以通过长镜头来拍摄和呈现，但在当今大众媒体影片中通常是以多个镜头序列的形式呈现。

社会情境通常只能以一系列镜头序列形式呈现。因此，动态视频多模态语篇中呈现的情境以线性结构的镜头序列形式实现。从某种程度上说，动态视频多模态语篇中呈现的社会情境的结构，类似于漫画序列图像的叙事结构。

Cohn（2013）构建了视觉叙事语法（VNG），用来描述漫画中的图像序列。由于动态视频多模态语篇中呈现的社会情境以线性结构的镜头序列形式出现，这在结构上类似于漫画中的图像序列，所以视觉叙事语法（VNG）可以用于描述动态视频多模态语篇中顺序呈现的社会情境的结构。

基于 Cohn（2013）的叙事语法，动态视频多模态语篇中完整呈现的社会情境，如同漫画书中一样，也应包含以下功能阶段：导入、建立、起始、顶峰和释放。这些阶段的功能描述特征如下：

导入（orientor）——提供社会情境的概览信息，如位置、地点等。

建立（establisher）——为主要社会活动进行铺垫，通常是与主要社会活动相关的次要活动。

起始（initiator）——引发情境中主要活动。

顶峰（peak）——主要社会活动的高潮部分。

释放（rlease）——展示社会活动的结果。

7.3.2 将动态视频多模态语篇分割成社会情境单元

为说明动态视频多模态语篇中呈现的社会情境的结构，在以下部分，将以微电影《星空日记》作为分析样本，详细分析社会情境在动态视频语篇中的呈现结构。

《星空日记》是北京大学制作的一部微电影，用作招新广告。《星空日记》是继《女生日记》《男生日记》走红网络之后，北京大学再次推出的纪念毕业季的微电影，由北京大学师生共同完成，北京大学副教授陈宇执导。该片于 2019 年 12 月，获得社会主义核心价值观主题微电影优秀作品一等奖。该片讲述了一名北京大学学生追逐梦想的故事，故事主要聚焦于主角何晓冬在北京大学的生活。

分析动态视频多模态语篇的内在语境层的第一步是确定或识别分析的基本单位——动态视频多模态语篇中的社会情境。我们选取《星空日记》的一个短片段进行分析。

该段落包括的范围是镜头 161 到镜头 181，共 31 个镜头（见表 7-1）。该段落的叙事内容是：影片的主角何晓冬尝试从一家公司获得实习机会以资助他的天文学研究，然后他去公司见老板；老板撕毁了他的简历，告诉他在现实社会中，饮酒的能力比学习更重要，并强迫他饮酒直至大醉（第 161－180 镜头）；被老板打击后，他告诉鼓励他追求天文学梦想的王教授，他决定放弃天文学的研究（第 181 镜头）。

这个短片段主要呈现了主角何晓冬的两个主要社会活动：参加实习面试和告诉教授放弃攻读硕士学位。

第 161－180 镜头的内容是关于参加实习面试的社会活动，因此可以确定第 161－180 镜头是一个社会情境。然而，从电影故事的整体上下文来判断，活动中最重要的社会活动是老板强迫主角何晓冬饮酒的活动，因为这个活动对主角的生活有持久的影响。因此，我们将这个社会情境以主要社会活动命名为"（何晓冬）被强迫饮酒"。

下一步，我们将确定情境中的功能阶段。镜头 161 的内容是一个高楼大厦的长镜头，指示社会活动发生的宏观地点。这个镜头的功能是提供情境的概览信息，即位置，因此这个镜头呈现的是社会情境的导入阶段。

镜头 162－169 的内容是关于老板撕毁何晓冬递给他的简历的活动。从上下文语境判断，这是为强迫何晓冬饮酒的主要活动做准备的次要活动。因此，确定第 162－169 镜头配置是呈现社会情境的建立阶段。

第 170－176 镜头的内容是"老板倒酒并示意何晓冬饮酒"的活动。这个活动是主要活动的一部分，它的功能是引发社会情境中主要活动。因此，第 170－176 镜头是社会情境的起始阶段。

第 177－178 镜头是关于实际饮酒活动的。它标记了主要社会活动或社会情境的高潮部分，因此，确定这两个镜头呈现的是社会情境的顶峰阶段。

第 179 镜头的内容是"看到何晓冬喝下他倒的酒后老板满意的脸"。这个镜头展示了主要活动的结果，释放了活动期间形成的紧张气氛。因此可以说第 179 镜头是呈现性社会情境的释放阶段。

到目前为止，已经确定了导入、建立、起始、顶峰和释放社会情境的五个主要阶段。

然而，发现第 180 镜头也是关于主要社会活动的结果，因为它显示何晓冬醉酒并睡在学校电脑室的桌子上。虽然这是情境中活动的结果，但它不是主要社会互动紧张气氛的直接释放，因此，不能将其归类为释放阶段。我们将这个阶段命名为尾声。尾声的内容是社会互动的影响延续到了另一个不同社会—时间—地点。

因此，动态视频多模态语篇中社会情境的表达结构包括六种类型的阶段：导入、建立、起始、顶峰、释放和尾声。表 7-2 是这些阶段内容的总结。

表 7-1　微电影《星空日记》片段转写（镜头 161－181）

	图像	书写和口语	情境和段落
161.		第四年，10 月 4 日——我得到了一份实习工作，尝试为我的天文学研究筹集资金。	情境：被强迫饮酒 【导入】

续表

	图像	书写和口语	情境和段落
162.		何：这是我的简历。	
163.			
164.			
165.			【建立】
166.			
167.			
168.			
169.		老板：这在社会中毫无意义。	

	图像	书写和口语	情境和段落
170.			
171.		老板：工作中重要的是这个。	
172.		何：我不认为我来这里是为了喝酒。	
173.			【起始】
174.			
175.			
176.			
177.			【顶峰】

续表

	图像	书写和口语	情境和段落
178.			【顶峰】
179.			【释放】
180.		（旁白）何：我喝得太醉了，以至于晕了过去。老板告诉我："醒醒吧，孩子，该停止做梦了。"	【尾声】
181.		（旁白）何：再见了，我的星星。文字：第四年，3月1日——我决定放弃论文项目和硕士推荐。	情境：放弃论文项目和硕士推荐。

表 7-2　动态多模态语篇社会情境阶段

阶段类型	情境内容
导入（orienter）	情境的环境介绍，位置、氛围等。
建立（establisher）	引入情境的次要活动。
起始（initial）	主要活动的开始或准备行为。
顶峰（peak）	主要活动的顶点。
释放（release）	主要活动的结果。
尾声（epilogue）	社会活动的持续影响。

　　根据上述描述的程序，我们将以微电影《星空日记》为例，对其在篇内语境层面的社会情境结构呈现模式进行全面分析。

　　整部微电影可以分割成以下 24 个社会情境：

　　①第一天到达北京大学。

　　②第一次为梦想挨打。

③因梦想被同学嘲笑。

④改学经济专业。

⑤在北京大学的生活。

⑥在北京大学上课。

⑦获得王教授鼓励辅修天文学。

⑧在北京大学做兼职。

⑨工作中被顾客打击与侮辱。

⑩在食堂吃饭。

⑪江晓夏移居美国。

⑫放弃冬令营奖项。

⑬被要求决定是否继续攻读天文学硕士学位的机会。

⑭被强迫饮酒。

⑮投资银行工作面试。

⑯投资银行工作面试。

⑰接到投资银行工作录取通知后的失落。

⑱向江晓夏表达感情。

⑲江晓夏来访。

⑳王教授来访。

㉑决定从事毕业设计工作。

㉒参加论文项目展示。

㉓进行论文项目工作。

㉔展示著名校友(片尾字幕)。

通过上述分析，展示了动态视频多模态语篇在内部情境层的基本单元是"社会情境"。一个社会情境由功能性阶段呈现，这些阶段共同构成一个连贯的组成结构。就像句法中的短语构成句子一样，阶段构成了呈现的社会情境。每一个呈现的社会情境都可以被视为一个"视觉段落"，而一个完整的动态视频多模态语篇可能包含许多社会情境。

7.3.3　主要和次要阶段

在分析样本电影的过程中，六种类型的功能阶段对于呈现社会情境的重要性并不相等。

导入和尾声不是完整呈现一个情境所必需的，因为删去这两个阶段并不会影响情境呈现的完整性，因此称它们为次要阶段。

另外四种类型的阶段——建立、起始、顶峰和释放是呈现情境的主要阶段，因为这些阶段的内容涉及主要社会活动，构成社会活动的核心，并定义一个社会情境。

在动态视频多模态语篇中，如果一个呈现的社会情境包括所有的主要和次要阶段，或者仅包括主要阶段，那么称这种情境为主要情境，例如被迫饮酒的情境(参见表 7-2)。

如果一个呈现的情境没有包括所有主要阶段，这通常会给观众带来不完整的感觉，我们称这种呈现的情境为次要情境。次要情境是结构删除的结果，这是一种在呈现过程中发生的转换。

在所有六种基本类型的阶段中，只有顶峰阶段是必选的，因为顶峰呈现的是社会情境中发生的最重要社会事件。其内容是定义社会情境的主要社会活动。

其他五种类型的阶段是可选的。这意味着，除了顶峰阶段外，其他五种阶段都可能被删去，尽管删除建立、起始和释放的阶段会给观众带来不完整的感觉。

7.3.4 上位情境、情境复合体和子情境

（1）上位情境

就像语言活动中的情境语境是分阶段的目标导入社会过程（Martin，1984）一样，社会情境也集中于某个特定的目的，因为 Martin 的社会过程术语类似于对社会活动的定义，社会活动是社会情境的核心或定义组成部分。因此，目标或目的是识别动态视频多模态语篇中社会情境的一个重要因素，尽管在时间、位置、主要活动者和活动的连贯性也是确定动态视频多模态语篇中呈现的社会情境的重要因素。

上位情境指的是整个动态视频多模态语篇，通常是为了一个目的服务的许多不同社会情境的组合。例如，微电影《星空日记》可以被视为一个上位社会情境，因为可以清晰地识别它推广北京大学的目的。在一个上位情境中，不同的社会情境会在结构上组织起来以实现上位情境的目的。

（2）情境复合体

如果一个呈现的社会情境包含不止一个嵌入的情境，那么这个情境被称为情境复合体。基于 Halliday（2014）对从句在从句复合体中的关系的阐释，我们确立了情境复合体中情境之间的两种一般类型的关系：投射和扩展。

通过投射形成情境复合体的一个例子是"第一天到达北京大学"的情境复合体。这个情境复合体由动态视频多模态语篇中的第 1 镜头到第 38 镜头呈现。然而，这个情境包含了三个预设情境：第一次为梦想挨打，被同学笑和改学经济专业。这三个预设的社会情境是情境中主要社会活动者何晓冬的回忆。这些投射的社会情境实际上是主角在到达北京大学的社会情境中的心理情境，因为这些子情境的内容是主角的回忆。

（3）子情境

一般来说，属于一个社会情境的社会活动通过社会活动者、时间和地点连接。然而，在将动态视频多模态语篇分割成呈现的社会情境时，为了分析的方便，可能会将在不同时间和地点发生的、甚至由不同社会活动者执行的社会活动（这些活动通常在不同的镜头中呈现）归为社会情境的一种社会活动类型。在这种情况下，称这些不同的镜头呈现涉及不同活动者或在不同时间和地点的活动为子情境。

子情境通常有活动的转换标记，并且通常涉及至少以下一种因素的明显改变：活动

者、时间或地点。

例如,《在北京大学上课》(镜头 59—71)包含了不同课程的子情境:新生教育课、经济学课和天文学课;而尾声阶段显示何晓冬做兼职也可以被视为一个子情境,因为上不同课程和做兼职都涉及活动的转换以及时间和地点的明显变化。这些子情境结合在一起形成了一个社会情境复合体。

这种在不同时间和地点的不同活动的组合被视为一个情境复合体,因为这些活动在本质上是共同的,并且可以被视为构成大学上课这一主要社会活动的活动序列。

7.4　动态视频多模态语篇中社会情境的转换

本节的重点是讨论社会情境如何在动态视频多模态语篇中呈现,以及在呈现过程中转换的方式和模式。

Fairclough (2003)指出文本是社会事件的表现,社会事件可以在不同的抽象和概括层面上被表现,从最具体的特定社会事件的表现,到更抽象/概括的对一系列和一组社会事件的抽象,以及到最抽象的在社会实践或社会结构层面的表现(137—138)。

Fairclough (2003) 所说的社会结构类似于意识形态术语,他将社会结构视为非常抽象的实体,如社会阶级或亲属系统。在这个意义上,社会结构可以被视为意识形态。社会实践是社会规范的一种做事方式,它是分阶段、目标导入的社会过程。社会事件是社会实践的具体实现形式,这是一个类似于社会情境的术语。因为社会事件和社会情境都是以活动为中心,它们都可以被视为在特定时间和地点发生的社会活动,因此,它们本质上是同一事物的不同术语。语言文本和动态视频多模态语篇都是文本,尽管在模态和功能上有所不同。因此,从表现的角度来看,可以在语言文本作为社会事件的呈现和动态视频多模态语篇作为社会情境的呈现之间作出类比。

Fairclough (2003) 还提出,对社会事件的呈现实际上是一个语境重构的过程。社会事件的成分根据某些语境重构原则被选择性地"过滤"。van Leeuwen (2008) 对呈现过程也持有类似的观点,并提出在语境重构过程中会发生某些转换,这些转换包括替换、删除、重组和增加。

因此,动态视频多模态语篇中被表现的社会情境过程中也会发生类似的转换。本节中,将重点讨论在动态视频多模态语篇中的社会情境的转换。在描述动态视频多模态语篇中社会情境的转换时,主要借鉴 van Leeuwen (2008) 对话语作为社会实践语境重构的分析框架。

动态视频多模态语篇中呈现社会情境的过程,通常会有四种基本形式的转换,这些转换是替换、删除、重组和增加,这些转换的形式可以发生在情境的表现结构和组成部分中,因此可以区分出两种类型的转换:结构转换和成分转换(见图 7-1)。

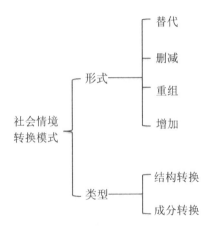

图 7-1　动态视频多模态语篇社会情境转换系统

7.4.1　结构转换

（1）结构替换

最常见的结构替换类型是仅使用一些阶段或仅使用顶峰阶段来代替整个情境——建立、起始、顶峰和释放阶段的完整配置结构。这种结构替换在某些类型的视频语篇中相当常见，例如商业广告，其目的是缩短语篇的长度。

电影《星空日记》中的放弃论文项目情境就是结构替换的一个例子，因为该情境仅用一个阶段以一个镜头实现（见表 7-2 中的第 181 镜头）。整个情境被仅用一个阶段替换。呈现的阶段应该是情境的释放阶段，因为它展示了王教授失望地转身离去，镜头内容应该是听到何晓冬决定放弃论文项目和硕士推荐的顶峰阶段的结果。

这是替换的非一般案例，因为在这种情况下，通常被认为是必须的顶峰阶段被省略了。省略的原因是屏幕上的独立文字"第四年，3 月 1 日——我决定放弃论文项目和硕士推荐"替代了情境的顶峰阶段。因为视觉上的镜头只显示了王教授听到何晓冬决定放弃论文项目后失望地转身离去，视觉镜头应该是情境的释放。而顶峰阶段——听到何晓冬的决定被独立的文字所替代。

（2）结构删除

典型的完整社会情境呈现至少包括四个主要阶段——建立、起始、顶峰和释放。导入和尾声是情境中的次要阶段，因为这些阶段的出现频率远低于主要阶段，且删除这些阶段不会造成像删除建立、起始、顶峰和释放这些主要阶段那样的不完整感。

结构删除指的是在呈现的社会情境中删除至少一个主要阶段。大多数删除的情况是涉及删除一个、两个或除顶峰外的所有主要阶段，因为顶峰被认为是呈现情境所必需的。然而，在某些情况下，如果存在其他阶段，则顶峰也可以被删除。

在动态视频多模态语篇中，顶峰是线性呈现的社会情境结构中必需的阶段；一般来说，除了顶峰，任何其他阶段都可能在表现过程中被删除。

例如，在电影《星空日记》中，第一次为梦想挨打的子情境中，释放和起始阶段被删除，在导入(镜头 6—14)、建立(镜头 15—18)阶段之后，没有展示主要活动开始的起始阶段，顶峰在孩子被父亲打(镜头 19)时达到，情境在这里突然结束，没有释放阶段，没有留下任何关于打击后果的线索。起始和释放阶段的删除在表现上创造了一种突兀感。

(3)结构重组

呈现情境的默认结构顺序是建立、起始、顶峰和释放按连续序列出现。这个顺序通常与情境中活动的发生顺序一致。如果连续性被插入的情境打断，那么可以说结构重组发生了。

以电影《星空日记》为例，"从事论文项目"(镜头 254—264)的情境在"参加论文项目展示"的开始之后出现，而在现实中，这两个情境必须反过来发生。

情境的发生，只要它们有必要的顺序，可能会以多种方式在动态视频多模态语篇中重组、分散。

(4)结构增加

动态视频多模态语篇中社会情境的默认表现形式是导入、建立、起始、顶峰、释放和尾声阶段的视觉(伴随听觉)按时间顺序连续表现。然而，在实际的表现过程中，情境的这种连续时间序列常常因嵌入的情境的增加而中断。嵌入情境的增加本质上是一种结构增加，因为它改变了建立、起始、顶峰和释放的默认连续时间序列结构。

结构增加的一个典型例子是参加论文项目展示的情境(镜头 251—330)。这个呈现的情境由长达 79 个镜头组成，但原始情境只包含 34 个镜头：导入(镜头 251)、建立(镜头 252、253、265—268)、起始(镜头 269、270、276、283、287—289、294、300)、顶峰(镜头 301—316)、释放(镜头 323—327)和尾声(镜头 328—330)。

其余 45 个镜头是结构增加的内容，这些增加的嵌入情境包括从事论文项目的情境，以及之前表现的情境的片段，如第一次挨打、被同学笑、获得王教授鼓励辅修天文学和被迫饮酒的情境。这些嵌入情境的增加打破了原始参加论文项目展示情境的连续序列结构。因此，嵌入情境的增加转换了社会情境的结构。

7.4.2　成分转换

(1)成分替换

在动态视频多模态语篇中，通过相机记录的可感知真实的叙事世界投射在屏幕上是社会情境呈现的默认形式。在编辑过程中添加的模态，例如图像、语言、文字和声音，而不是从叙事世界记录的，被视为用符号成分替换实际发生情境的固有成分。这是成分替换的主要形式之一。

语言替换的一个典型例子是将固有声音(包括语言和声音)替换为独立的背景音乐或语言。例如，在样本电影《星空日记》中，参加工作面试情境的固有声音被背景音乐和何晓冬的背景旁白替换。

另一种成分替换形式是部分替换或所称的换喻替换。它是使用情境的一部分成分来替换整个成分，例如，只用活动者身体的一部分而不展示他的头和脸来替换演员整个人。如果一个活动者以包括头和脸的上半部分呈现，则认为是活动者的完整呈现，即使活动者的下半部分（腰部以下的身体部分）不包括在内，因为面部特征是识别一个人的关键因素。换喻替换的另一种类型是用仅伴随活动的声音（实际表演活动的场外声音）来替换情境中的一个活动，例如，仅使用枪声来替换射击活动。

在示例电影《星空日记》中，第一次为梦想挨打情境的顶峰阶段是一个换喻成分替换的例子。父亲或情境中的活动者仅以身体的下半部分和他打孩子的活动呈现，他的头和脸没有被表现。换喻替换也可以解释为成分删除的一种形式，即部分删除情境中的成分。

（2）成分删除

成分删除指的是删除社会情境的成分。例如，删除社会情境的叙事声音。叙事声音被认为是实际发生活动的固有组成部分。当叙事声音被删除时，发生了成分删除。

在电影《星空日记》中，叙事声音删除相当常见，例如，在江晓夏来访的情境和从事论文项目情境中，固有的叙事声音完全被删除，替换为背景音乐。

情境成分的部分表现也可以被视为成分删除的一种形式，因为部分表现也意味着情境成分的部分删除。在第一次为梦想挨打的情境中，父亲只用他的腿和声音表现，因此，对父亲的呈现可以被视为成分删除的一个案例。

（3）成分重组

成分重组最典型的形式是情境中活动顺序的重新排列。在动态视频多模态语篇中，两个活动者同时发生的互动，在大多数情况下，为了吸引观众的目光，会以多个镜头呈现。

因为动态视频多模态语篇的镜头只能按线性顺序排列，如果一个同时发生的互动以多个镜头呈现，它只能按时间顺序表现。

成分重组是蒙太奇技术的结果。由于蒙太奇在电影中已经习以为常，大多数时候，人们几乎不会注意到由编辑创造的成分重组。

例如，反向镜头技巧涉及在两个角色对话时交替出现的镜头。通过这种技术，不仅能看到每个角色在他或她讲话时的样子，还能得到反应镜头，展示如何响应听者（Lewis，2014）。说话和响应是同时发生的互动，然而，它们只能按时间序列以不同的先后顺序呈现。

交叉剪辑技术——在动作之间来回剪辑，也是导致成分重组的一种方式，因为它也是在连续序列中表现同时动作的一种方式。在《星空日记》电影中，参加论文项目展示情境的顶峰阶段（镜头296—322）的一个成分重组例子是，镜头301、302首先展示了观众对何晓冬表演的反应，然后镜头303显示观众所响应的对象——何晓冬在舞台上进行的精彩投影。成分重组通过首先展示演员的反应，然后再展示他们所响应的对象，创造出了一种戏剧效果。

（4）成分增加

在呈现过程中，最突出的转换是增加。由于数字技术的发展，在编辑过程中，非叙事成分可以很容易地添加到叙事世界的原始录像中。

动态视频多模态语篇的生产过程涉及表演、录制和编辑等多个步骤。在编辑过程中，许多成分可以添加到社会情境的原始录像中。音乐、背景声音和文字是在编辑过程中最常添加的成分。成分增加指的是向呈现的情境中添加不是固有的社会情境成分的过程。典型的成分增加例子是背景旁白和音乐的增加（独立的语言和音乐），其他成分如独立的文字和图像也经常添加。

以电影《星空日记》为例，该片采用自传体形式，故事被呈现为主角的日志，因此，电影中的大多数社会情境都涉及主角何晓冬的口头背景旁白的增加。而且，背景音乐也贯穿电影的大部分时间。电影中呈现的大多数主要社会情境也都伴有屏幕上的文字，内容是主角写的日记。例如，被迫饮酒情境是在导入和建立阶段（镜头 161—168）引入的增加了文字成分："第四年，10 月 4 日——我得到了一份实习工作，尝试为我的天文学研究筹集资金"，并且背景音乐——增加的独立成分在整个情境中贯穿，在释放和尾声阶段，以何晓冬背景旁白的独立语言——增加的成分，作为情境的总结。情境的增加成分通常服务于情境的目的。

7.5　社会活动在动态视频多模态影片中的呈现模式

社会活动是社会情境中最主要的成分，社会活动在电影语篇中可以呈现主体化和去主体化两种形式，可以完整的呈现，也可以部分呈现，可以被具体化或者是戏剧化。社会活动在电影语篇中呈现的通常的默认状态是主体化的，也就是有施事者的，因为社会活动通常是由人完成的，在呈现社会活动的同时必然要呈现活动者。但是有时活动者可以被删减，不出现在语篇中，这样社会活动就被去主体化了。社会活动具体化呈现和戏剧化呈现的区别在于，具体化呈现是指活动以自然真实的形式呈现在语篇中，通常是客观角度长镜头或中景镜头呈现一个社会活动，并且图像是从认知角度看起来是真实的。如果一个社会活动不是以上述模式呈现的，那么我们说社会情境中的这个活动是以戏剧化的方式呈现的。社会活动的戏剧化的方式可以通过细节化和抽象化两种方式实现。细节化的方式有多种，但是最常见的实现方式是通过特写镜头和主观镜头实现的。当一个社会活动呈现过程中包括特写镜头或是主观镜头或者是两者都包括，那么这个社会活动就是被细节化的社会活动。抽象化的方式也有多种，多数情况是通过删减和增加等方式实现，其结果就是使呈现的社会活动看起来不再是认知真实的。电影中的慢动作、用背景声音替代真实的场景声音等都是抽象化的方法。社会情境中的社会活动可以在电影语篇中完整的呈现，或是以转喻的模式呈现，也就是以部分替代整体的模式呈现。完全意义上的整体呈现社会活动是不存在的，因为任何视觉模式的呈现本质上都是转喻的，也就是从某一角度以某一部分为焦点呈现社会活动。本文所指的完整呈现社会活动是相对的，当社会活动的实际发生时间长度与电影语篇中呈现的社会活动的时间长度相等时，我们就认为社会活动是完整呈现的，反之则是以部分活动代替整体活动的转喻模式呈现。

7.5.1　主体化和去主体化

社会活动的主体化视觉呈现是呈现社会活动的默认方式。所有社会活动本质上都是主体化的——以某种方式由人类执行。然而，在动态视频语篇中被呈现时，社会情境中的社会活动可以被去主体化，或被呈现为好像通过其他力量带来的，不受人类主体的影响。

一般来说，社会活动的视觉呈现是主体化的，因为社会活动本质上是由活动者执行的。如果一个活动被呈现，通常，执行该活动的活动者必须被呈现。我们的样本影片《星空日记》中所代表的社会活动大多是主体化的。

然而，动态视频语篇中偶尔会出现去主体化的社会活动。去主体化的典型方式是通过删除社会活动者。例如，在姚明参演的保护动物广告中（见表7-4），枪发射子弹杀死大象，但执行发射枪的活动者被完全删除。因此，发射枪的活动以去主体化的方式被呈现。

在当今的计算机技术辅助下，动画经常与相机记录结合，创造超现实的社会情境。这种类型的动态视频语篇，即动画与相机记录的混合，不再是现实或真实社会情境的机械复制。这种类型的动态视频语篇，有点像实验影片，侧重于图像或声音的效果，并不旨在通过叙述代呈现实，而是通过影视图像和声音影响观众的感觉（Lewis，2014）。如今，这种类型的超现实动态视频语篇无处不在。几乎所有类型的动态视频语篇中都可以找到，例如广告、纪录片等。去主体化通常发生在动态视频语篇中创造的超现实社会情境中。这种类型的动态视频语篇中所代表的社会情境是超现实且在感知上不真实的。即使部分动态图像和声音在感知上是真实和电影式的，但整体所代表的社会情境对观众来说是不真实的。我们将这种类型的动态视频语篇视为抽象化社会情境的代表。这些社会情境是真实社会情境的抽象化，尽管这些社会情境的基本依据只能是真实的社会世界。就像恶魔，从未在真实世界中存在过，总是在某种程度上类似于人类。恶魔的形象基本上是基于人类的，即使它已经从人类中抽象化出来，变成了恶魔的样子。

7.5.2　具体化与戏剧化

社会活动可以具体化或戏剧化地被呈现。当一个活动或互动以中长镜头和客观视角以自然主义方式呈现时，我们可以说这个活动被具体地呈现。中长镜头模拟观众作为旁观者自然地感知活动的方式，换句话说，这就是旁观者通过自然观察活动所能看到的。如Lewis（2014）所述，与长镜头和特写镜头相比，中长镜头和中镜头让观众看到角色及其周围环境的样子，并且因为它们缺乏长镜头的宏伟和特写镜头的亲密，它们有某种自然或自然主义的特质。因此，我们可以说，以中长镜头和客观视角的自然主义呈现社会活动是社会活动具体化的呈现。如果社会活动没有以具体的方式呈现，则它是以戏剧化的方式呈现的，无论是通过细节化还是抽象化。正如我们之前所说，自然主义机械复制、客观视角、中长镜头和中镜头是具体化呈现社会活动的特征。因为这种呈现方式类似于我们对世界的经验，因此它在感知上更加真实。

如果一个社会活动以这些方式之外的方式被呈现，那么我们可以说这个社会活动是戏剧化的。戏剧化的呈现意味着动态视频语篇以超出观众作为自然旁观者所能感知的方式呈现社会活动。通常，有两种方式可以戏剧化一个社会活动：细节化和抽象化。

细节化意味着所呈现的社会活动在动态视频语篇中以比自然感知能够感知或识别的更多细节被展开。典型的细节化形式是以多重视角或特写镜头或两者兼而有之来呈现一个社会活动。如果一个社会活动以多于一种视角(例如，客观和主观(从参与者的视点))和不同类型的镜头距离(例如，中镜头和特写)被呈现，那么我们认为这个社会活动的呈现是戏剧化的。戏剧化的社会活动呈现非常常见，频繁发生。实际上，我们可以说，电影艺术的一个最重要目的是以戏剧化的方式展示社会世界。

例如，如表 7-3 所示，在"被顾客抽打"的情境中，顾客抽打何晓冬的活动以七个镜头(108—115)被呈现，这 7 个镜头中的 4 个(镜头 109、110、112 和 113)是主观镜头，展示了主角(何晓冬)所看到的。这些镜头是镜头 108 和镜头 115 的投射镜头，它们是客观镜头，展示了主角。镜头 111 是一个客观镜头，描绘了抽打活动。在这个示例中，顾客抽打的活动既以客观方式也以主观方式以交替的中镜头和特写(镜头 112、113)被呈现。抽打活动的描绘比通过自然观察所能看到的细节更多，因此，我们可以说这个活动是戏剧化的。

表 7-3　戏剧化呈现社会活动的例子

	形象	视角 镜头距离	图像内容描述
108		客观的 特写	何晓冬正在专心阅读，没有注意到客户的召唤
109		主观的 特写	顾客责备他，说："你到底在读什么？你没听见我的话吗，书呆子"，并用书打他。
110		主观的 特写	持续

续表

	形象	视角 镜头距离	图像内容描述
111		客观的 中景镜头	持续
112		主观的 特写	持续
113		主观的 特写	持续
114		客观的 中等的	持续
115		客观的 特写	何晓冬他无助地看着顾客。

  除了通过多重视角和特写来实现细节化之外，抽象化是另一种戏剧化呈现社会活动的方式。抽象化指的是对社会活动的非自然主义呈现。动态视频语篇中所呈现的活动可以从社会情境中实际发生的活动中被抽象化出来。

  自然主义地呈现一个活动意味着一个活动以视觉方式伴随同步的叙事性声音被呈现，并且实际活动时间等于文本时间。这种方式下，活动对观众来说在感知上是真实和自然主义的。任何与此不同的呈现社会活动的方式都可以被视为一种抽象化。

  活动的抽象化通过视觉和听觉的删除或添加来实现。借助计算机辅助的数字技术，有许多转换方式可以在动态视频语篇中抽象化一个活动。这里我们仅列举我们数据中的几个示例进行说明。

表 7-4 是一个抽象化呈现社会活动的例子，这是一则由著名前 NBA 篮球明星姚明参演的，旨在促进动物保护的公益广告。该广告描绘了一个场景，即姚明成功阻挡了一颗原本会杀死一头大象的子弹。整个广告是一个完整的社会情境的呈现。镜头 1—4 是建立阶段，镜头 5—10 是起始阶段，镜头 11—18 是顶峰阶段，镜头 19—20 是释放阶段，镜头 21—22 是结尾阶段。

在顶峰阶段（镜头 11—18），射击和姚明阻挡射击的活动被从现实中抽象出来，尽管移动图像和声音仍然在感知上是电影化的。镜头 12 展示了枪的射击，而镜头 13、14 展示了子弹的飞行。

射击和阻挡的活动被细节化，枪、子弹、大象的眼睛、阻挡的手都在特写镜头中展示，既有主观视角（大象的视角）又有客观视角，但更重要的是，这些活动被从现实中抽象出来，因为用相机捕捉飞行中的子弹的图像是不可能的，更不用说跑步追赶飞行中的子弹并成功用手阻挡了。射击和阻挡的活动在感知上是不真实的，尽管它们被呈现得好像在感知上是真实的电影图像。因此，我们说这是社会活动抽象化呈现的一个案例。

表 7-4　动物保护广告的转录

	形象	图像描述	音频内容（语言）	阶段
1		大象耳朵轮廓的极端特写镜头。		
2		大象眼睛的特写镜头。		建立
3		大象的头部特写。		
4		大象行走的正面特写。		

续表

	形象	图像描述	音频内容（语言）	阶段
5		枪正在装弹。	最初的	
6		姚明在看（听到装弹声）。		
7		大象的近距离特写。		起始
8		枪瞄准器与反射在大象身上的图像一起移动的特写镜头。		
9		姚明投篮命中后，快速地跑向篮下。		
10		姚明在跑步。		

	形象	图像描述	音频内容(语言)	阶段
11		枪在开火		
12		子弹正在飞		
13		姚明朝那颗飞行的子弹冲了过去。		
14		子弹继续飞行。		顶峰
15		恐惧的大象眼睛。		
16		姚明跳起来,挡住了飞来的子弹。	背景声音:"你不必打球就能成为伟大的盖帽手。"	
17		近距离拍摄姚明的手挡住子弹。		
18		姚明成功挡住子弹。		

续表

	形象	图像描述	音频内容（语言）	阶段
19		黑屏。		释放
20		屏幕文字显示网站，视频展示姚明站在篮球广场中央的大象旁边。	背景声音："你永远不要购买非法野生动物制品，我们可以拯救濒危动物。"	
21		姚明正站在大象的身后，直接对观众讲话。	姚明："没有买卖就没有杀戮。"	后记
22		野生救援计划 ACAP 的标识和网站。		

　　《星空日记》中，江小夏毕业前来访的情境（镜头 220—231，见表 7-5）是另一个社会活动抽象化呈现的例子。在这个情境中，何晓冬转身和江小夏的到来、转身和离开都以明显的慢动作进行，因为文本时间比实际活动时间长。而且，在整个情境中没有叙事性声音，只有伴随视频的背景叙述和音乐。

表 7-5　抽象化社会情境的转录

	形象	音轨(语言)	阶段
220		四年级，5 月 3 日——江小夏今天来找我。	导入
221		画外音：何晓冬我从未想过她会来……	建立
222		我当然没想到她说：	
223		我 5 岁的时候就喜欢你，因为你是那个敢于凝视天空、追求梦想的人。	
224			起始
225			

	形象	音轨(语言)	阶段
226			起始
227			
228			顶峰
229			释放
230			后记

7.5.3 完整和转喻

　　社会活动可以以完整形式或部分形式被呈现。实际上，呈现本质上是部分的，永远不能完整，即使使用摄像机，也无法复制世界本来的样子，因为摄像机只能从某个特定角度关注某个特定方面。更何况，视觉资源主要是象征性的，必然是部分的，因为不可能复制现实(Feng 和 O'Halloran，2012；Kress，2010)。

　　这里所说的社会活动的完整呈现仅意味着一个高层次活动以视觉形式伴随同步的叙事

性声音被呈现，且实际活动时间等于文本时间。这种方式下，活动对观众来说在感知上是真实的。在样本影片《星空日记》中，王教授鼓励何晓冬辅修天文学的情境中，王教授和何晓冬之间的对话是社会活动完整呈现的一个例子，因为对话的活动时间等于文本时间。

社会活动也可以被部分地呈现。这种方式下，所代表的社会活动被删减，所代表的社会活动的呈现时间比实际社会活动持续的时间短。一个典型的例子是我们样本影片《星空日记》中的求职面试情境。这个情境中的主要社会活动是何晓冬在一家国际银行进行求职面试，然后返回学校（见表 7-6）。影片中所代表的情境（镜头 182—191）的电影时间仅持续约 26 秒（从 6'54"到 7'20"）。然而，常识告诉我们，一个求职面试至少应持续几分钟。因此，我们说这个社会活动是以转喻的方式被呈现的，因为仅有部分社会活动被呈现来代表情境中发生的整个活动。

表 7-6　社会活动部分呈现样例

	形象	图像内容	音频内容	阶段
182		北京城的高楼大厦。	背景语音（何晓冬）"回到现实。"	导入
183		何晓冬正在敲面试室的门。		建立
184			"我似乎已经实现了最初的目标。"	顶峰

续表

	形象	图像内容	音频内容	阶段
185		两位面试官正在提问。		
186		何晓冬正在回答。		
187				
188			当他们说我是班上第一个收到跨国投资银行录取通知书的人。	
189				
190		一位老面试官露出了满意的笑容。		释放
191		一列火车在城市里夜行，暗示着何晓冬面试结束后，他正在回学校的火车上。		后记

图 7-2 是用系统图总结的本节中关于社会活动呈现方式。

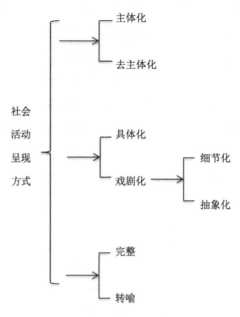

图 7-2　社会活动呈现方式

7.6　结　语

本章重点探讨了动态视频语篇的语篇内语境层的组成结构。对社会情境的结构以及在按时间展开的电影语篇中的呈现模式进行了深入论述，并且进一步对在呈现过程中发生的转变现象或语境重构过程进行了系统的阐述。本章首先明确了动态视频语篇的语篇内语境的基本单位——社会情境的概念意义，并且对社会情境的基本组成成分进行了论述，认为社会情境的主要成分包括活动、工具、参与者（或者是活动者）、角色、身份、时间、空间和架构。社会情境在动态视频语篇中呈现时只能是线性的按时间顺序展开，所以社会情境在电影语篇中的呈现结构也是线性的、分阶段的。本章以"视觉叙述语法"为基础确定了分阶段的社会情境在电影语篇中的呈现结构。社会情境在语篇中由不同的段落组成，这些段落包括导入（orientor）、建立（establisher）、起始（initial）、顶峰（peak）、释放（release）和后记（epilogue）六类段落。每一类段落的功能和内容是各不相同的。导入段落的功能是引入社会情境，表明情境的地点、时间以及氛围等；建立阶段的主要功能是引入社会情境中的次要活动；起始阶段的主要是内容是主要社会活动的开始或准备部分；顶峰的主要内容是主要活动的顶峰部分；释放阶段的主要内容是主要社会活动的结果；后记的主要内容是活动产生的结果的持续影响，后记的时间地点通常与社会情境中的主要活动的时间地点是不同的。其中建立、起始、顶峰和释放为主要段落。主要段落被删减时，对观众会产生一种缺失感。导入和后记是次要段落，因为导入和后记的缺失不会对语篇的观众产生缺失感，所以导入和后记属于次要段落。通常情况下顶峰段落属于必选段落，因为没有主要活动就无法定义一个社会情境，而其他段落属于可选段落。本章进一步以微电影《星空日记》作为例子，详细阐述了社会情境的各个阶段的划分方法和过程。对社会情境相关的基本概念进行了深入的论述，这些基本概念包括总情境、情境复合体、次情境等。总情境是指整个电影语篇所塑造的整体语篇内语境，情境复合体是指一个社会情境中包含多个情境，一个情境复合体中处于从属地位的情境就是次情境。本章中的另一个重要部分是对社会情境在电影语篇中呈现的过程中发生的各种转变进行的深入的论述。各种不同类型的转变可以同时发生在社会情境的结构和组成上。

社会情境的转变本质上是一个语境重构的过程。一个电影语篇可以看做是一个总情境，因为语篇有一个综合的主要目的，虽然一个语篇可以由多个不同的社会情境组成，但是所有语篇中呈现的社会情境的最终都是为了实现电影语篇的综合目的。以广告为例，虽然一个广告中可以由多个社会情境组成，但其目的都是宣传产品以增加产品的销量。语境重构的过程是指电影语篇中所呈现的社会情境根据语篇的总目的而发生转变的过程。

本章还对社会情境中的社会活动的呈现模式进行了深入探讨。社会活动是社会情境中最主要的成分，社会活动在电影语篇中以呈现主体化和去主体化两种形式呈现，同时可以完整的呈现，也可以部分的呈现，可以被具体化或者是戏剧化。社会活动的戏剧化的方式可以通过细节化和抽象化两种方式实现。

第8章　动态视频多模态语篇的模态结构和语法系统研究

8.1　引　言

　　语言学界认为动态视频多模态语篇是语篇分析的重要研究对象，但目前对于动态视频多模态语篇(以下简称动态视频多模态语篇)的研究才刚刚起步，其中比较系统全面的研究可以概括为两种模式：以 Baldry 和 Thibault(2006)、O'Halloran (2011) 为代表的系统功能语法分析，以及以 Bateman 和 Schmidt (2012) 为代表的社会符号学分析。社会符号学动态视频多模态语篇分析认为，动态视频多模态语篇与语言语篇在语篇语义层面具有类比性，所以目前从社会符号学角度对动态视频多模态语篇的研究主要集中在语篇语义层。这些研究包括动态视频多模态语篇的逻辑语义系统的研究(Bateman 和 Schmidt，2012)，动态视频多模态语篇层面的语义衔接系统的研究(Tseng，2013)，以及以评价理论(Martin 和 White，2005)为基础对动态视频多模态语篇情感意义系统的研究等(Feng 和 O'Halloran 2013；冯德正和亓玉杰，2014)。

　　动态视频多模态语篇与传统语言语篇和静态图文多模态语篇有着巨大的差异，其模态结构非常复杂，几乎所有的视觉和听觉形式的模态都可以成为动态视频多模态语篇实现意义的资源，而且电影本身还具有其特有的表意手段，例如摄像机运动和蒙太奇等。目前对动态视频多模态语篇的模态结构的研究还不够深入，阻碍了对动态视频多模态语篇语法层面的深入研究，这是动态视频多模态语篇分析进一步发展亟待解决的问题之一。本研究旨在系统研究动态视频多模态语篇模态结构的基础上，进一步深入探索动态视频多模态语篇的语法结构。

8.2 模态的基本属性

模态可以从不同的角度进行描述和分类，如果要分析动态视频多模态语篇的模态特征，首先必须回答的问题就是"什么是模态?"。

模态是由社会(习惯)决定的在特定文化(语境)中实现意义的资源(Kress，2009)，人类交际的意义是通过多种符号资源共建的(黄立鹤，张德禄，2019)。从社会符号学角度判定一种符号资源是否是模态的根本原则是其能否同时实现概念功能(呈现这个世界的状态、活动和事件)、人际功能(呈现交流者之间的关系)和语篇功能(所呈现的内容作为信息是否与自身以及与环境是连贯一致的)。如果一种符号资源能同时实现这三种元功能，那么这种符号资源就是一种模态(Kress，2009)。

模态的基本属性包括物质载体、符号逻辑、社会选择、供用特征和符号范围五个方面。

(1)物质载体

物质载体是模态表达意义的基础。模态的物质载体是特定文化中的社会活动选择的产物，声音、泥土、运动、木头、石头等作为模态的物质载体是由文化选择的。例如在语言能力受损的听障群体中，身体运动的供用特征就会得到充分发挥，手势、表情和肢体运动等组成的手语就会成为高度发达的模态。在交际中对模态的选择和使用是以物质为基础的。例如，一个社会在摄像机发明之前是不可能选择电影作为交流模态的。

(2)符号逻辑

符号逻辑是指一种模态的表意模式。不同的模态具有不同的符号逻辑，模态物质载体的特性决定模态的符号逻辑。例如口语作为一种模态，其物质载体是声音。这就决定口语是按时间顺序展开的一个一个的音节、词、句。所以口语模态的符号逻辑是"时间序列"，也就是按时间顺序排列的成分关系。其他以声音为载体的模态的主要符号逻辑也是时间序列，例如音乐。静态图像语篇的符号逻辑是"空间共存"，也就是在空间中共时存在的成分关系(Kress，2009)。另外图像、雕塑和布局等模态的符号逻辑也是"空间共存"。电影作为一种模态，其符号逻辑同时包括时间序列和空间共存：连续不断的一帧一帧的图像依赖于时间序列实现意义，每一帧图像本身又依赖空间共存实现意义。

(3)社会选择

模态具有社会选择的属性，是社会活动选择的产物。一种模态是在其物质载体的基础上，经过人类长期的社会活动选择的结果。也就是说模态是特定的文化群体，在长期交际活动的过程中选择和塑造的。模态的表达意义的潜势或供用特征是一个文化群体的共识的结果。

（4）供用特征

模态的供用特征是指模态实现意义的可用资源或潜势。供用特征是模态（符号）的相对稳定的潜在特征（张德禄，胡瑞云，2017），供用特征影响具体交际活动中的模态选择。每一种模态都有其特殊的供用特征（Kress，2010），模态的供用特征是由物质载体、符号逻辑和社会活动三方面共同决定的。其中物质载体和符号逻辑属于模态的物质属性，社会活动是模态的文化属性。社会符号学对模态的物质属性和文化属性同等重视。

（5）符号范围

模态的符号范围指模态的表达能力。每一种模态都只有有限的表达范围，即使语言这种高度发达的模态其表达范围也是有限的。例如，用交通信号灯指挥交通十分有效，但如果改为书面文字或者口头语言则会使交通混乱，容易出现重大交通事故（张德禄，2018）。这是因为语言和交通信号灯的符号范围不同，模态的符号范围是由模态的供用特征决定的。

8.3　模态的内嵌性

一种模态可以包括多种符号资源。如果某种模态包含的一种符号资源也可以独立实现概念、人际和语篇三种元功能，那么这种被包含的符号资源就也是一种模态，那么这就意味着一种模态可以包含另外一种模态。我们把模态的这种特性称为模态的内嵌性。模态的内嵌现象是普遍存在的。

下面我们以布局模态和图像模态两种模态之间的关系来进一步阐释模态的内嵌性。

图像作为一种模态毋庸置疑，Kress 和 van Leewuen（1996，2006）详尽地论述了图像作为一种模态的语法结构。布局也是一种模态，因为布局可以同时实现概念、人际和语篇功能（Kress，2009）。但布局是一种模态的同时，又是图像模态实现意义的一种资源。我们把图像与布局模态之间的关系称为内嵌关系，布局是内嵌模态（embedded mode），图像和书写是主体模态（major mode）。因为布局是依赖于图像模态实现意义的。当然布局不仅内嵌于图像语篇或书写语篇中，而且可以内嵌于图文共同组成的语篇或是空间存在的实体中，例如建筑物、房间内部结构等。

下面我们以图像和颜色之间的关系来进一步论述模态的内嵌性。

颜色是图像模态包含的一种实现意义的资源。但颜色本身也是一种模态，颜色可以同时实现概念、人际和语篇功能。Kress 和 van Leeuwen（2002）对颜色模态的语法做了详尽的论述。但是颜色和布局一样，通常依赖于图像（或其他）模态来实现意义。而且颜色只是图像模态表达意义的多种资源之一，所以我们说颜色是图像的内嵌模态。

模态的内嵌现象普遍存在于任何一种语篇中。Norris（2004）在研究多模态互动分析时指出"布局是一种模态，包括家具、墙上的图画、墙、房间、街道等，但我们也可以说家具也是一种模态"。Norris 这里所描述的布局和家具模态之间的关系就是模态之间的内嵌现象，家具模态内嵌于布局模态中。

8.4　动态视频多模态语篇的模态分类

我们把所有以屏幕或（平面）为载体的按时间顺序展开的、以声光复合体为物质基础的、伴随声音的动态图像语篇都称为动态视频多模态语篇（简称动态视频多模态语篇）。电影作为一种模态，其物质载体是存在于某一表面（屏幕）的光影和同步声音的复合体。电影依赖的符号逻辑同时包括时间序列和空间共存。连续不断的一帧一帧的图像依赖于时间序列实现意义，每一帧图像本身又依赖空间共存组织实现意义。

由于摄像机独有的类似于人的眼睛的机械复制功能，以及录音设备具有的类似于人的耳朵获取声音的复制功能，使得所有感知形式为视觉和听觉的模态都可以存在于动态视频多模态语篇中。

另外，动态视频多模态语篇的产出过程通常是经过多层次的由多人完成的。以电影为例，脚本写作、导演执导、演员演出、摄像人员进行录像和后期对录像进行编辑制作等都是电影产出的过程。多层次的产出过程使得动态视频多模态语篇的模态组成非常复杂。电影还包括蒙太奇、摄像机运动等电影特有的模态。

8.4.1　动态视频多模态语篇的模态组成及分类

Baldry 和 Thibault（2006）在使用转录的方法分析动态视频多模态语篇时，把动态视频多模态语篇的模态大致分为三类，即视觉图像、动态活动、声音（包括口语和音乐），同时他们又把注视、摄像机位置和运动看做是重要的意义资源并且进行了转录分析。Tan（2009）在分析电视广告时，把动态视频多模态语篇的视频、口语、音乐和歌词被分别视为单独的模态进行分析。

Burn（2014）构建了运动动态视频多模态语篇分析模式，该分析模式强调动态图像中多种模态相互作用。Burn（2014）把模态分为两大类：协调模态（orchestrating modes）和贡献模态（contributory modes）。摄影和编辑被视为协调模态，用来组织其他实现动态视频多模态语篇意义的贡献模态。贡献模态包括身体模态、听觉模态和视觉模态三大类。每一种贡献模态可以进一步细分为多种指称系统（相当于内嵌模态）。例如表演动作可以分为手势、表情、身体姿势、化妆和服装等。

Burn 对电影的模态的描述注意到了动态视频多模态语篇的模态的多样性和关系的复杂性。但是 Burn 对电影的模态的定义和分类没有建立在从社会符号学角度对模态明确定义的基础之上。摄像和剪辑是动态视频多模态语篇的生产过程，在摄像和剪辑过程中会使用各种模态，但把摄像和剪辑称为模态不符合 Kress(2009)对模态的定义和判定标准。

以往对动态视频多模态语篇模态的分类研究学界没有统一的共识，不利于动态视频多模态语篇分析的进一步发展。下面我们以模态的内嵌性和基本属性为基础，对动态视频多模态语篇的模态进行分类，见图 8-1。

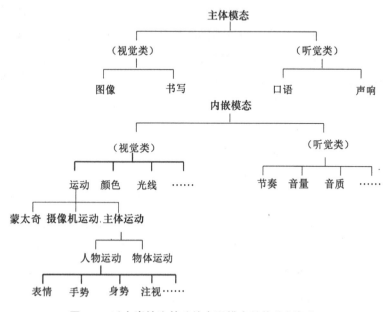

图 8-1　以内嵌性为基础的电影模态结构分析框架

首先我们根据模态的内嵌特性，把动态视频多模态语篇中的模态分为主体模态和内嵌模态两类。动态视频多模态语篇包括四种主体的模态：动态图像、书写、口语和声音(声音是指除口语以外的其他以音频形式传播的实现意义的符号资源)。图像和书写属于视频模态，口语和声音属于音频模态。之所以把这四种模态确定为主体模态是因为这四种模态通常在动态视频多模态语篇中都是不可缺少的，另外，这四种模态本身都包含多种内嵌模态。

之所以把口语和书写与(动态)图像和声音置于相同的层次共同视为主体模态，是因为语言仍然是目前最为发达的模态，如果在动态视频多模态语篇中只是关注其实现命题意义的能力，那么语言(口语或书写)可以代替其他所有的模态。在动态视频多模态语篇中唯一绝对的必要模态是动态图像，否则一个语篇就不能成为动态视频多模态语篇。书写、口语和声音要根据语篇的特点和交际目的不同添加或同步到动态视频多模态语篇中。(动态)图像和书写是视觉类的模态，口语和声音是听觉类模态。

动态视频多模态语篇视觉类的内嵌模态包括运动、颜色、光线等，听觉类的内嵌模态包括韵律、声响和音质等。如果进一步深入分析，每一种内嵌模态又包括多种内嵌模态。例如运动模态又包括摄像机运动、蒙太奇、主体运动三种内嵌模态。如果进一步分析，主体运动又包括人物运动、物体运动两种内嵌模态。人物运动又包括注视、手势、身体姿势和表情等内嵌模态。对动态视频多模态语篇模态分析的深入程度取决于动态视频多模态语篇分析要实现的目的。

动态视频多模态语篇的产出过程是多重的，这也是电影模态构成复杂的原因之一。典型的电影的生产过程包括三重过程：表演、摄像和剪辑。表演是实现设计的社会符号事件的过程，录像是通过摄像机具有的独特的机械复制功能对社会事件有选择的复制过程，剪辑是对摄像的内容进行选择和重新组合的过程。每一个生产过程都是使用模态实现意义的过程。表演使用的模态主要是演员的运动模态和布景、道具等物体模态；摄像过程在复制表演过程实现的意义的同时，加入了摄像机运动、取景等模态实现的意义；剪辑过程在保留表演和摄像过程中多种模态的意义的同时加入了蒙太奇、声音、背景音乐等多种模态实现的意义。三重的生产过程最终将多种实现意义的模态汇聚到动态视频多模态语篇中。由于数字化技术的应用使得电影的表演、摄像和剪辑三重的生产过程的界线变得模糊，一部影片甚至可以由一台电脑完全制作而成，但是目前最典型的动态视频多模态语篇生产过程通常会包括这三重生产过程，每一个过程会使用不同类型的模态。

动态视频多模态语篇的模态根据其剧情属性（与剧情内世界的关系）可以分为内在模态和独立模态的两类。内在模态是社会事件本身所包含的模态，也就是通常我们所指的剧情内的通过摄像机录像和录音功能直接复制的模态。独立模态指的是在剪辑的后期制作过程中加入的模态，例如制作时加入的背景音乐、音响、字幕甚至图像等。数字化电影制作技术的发展，也使得电影的独立模态和内在模态的界限变得模糊，但通常情况下这两种模态的区分在动态视频多模态语篇中还是存在的。

动态视频多模态语篇的模态根据其载体的不同可以分为以屏幕为载体的模态和以音响为载体的模态两大类。

根据感知方式的不同，电影的模态可以分为视觉模态和听觉模态。

图 8-2 是电影的模态系统综合分析框架，包括感知方式、载体属性、模态地位和剧情四个方面。

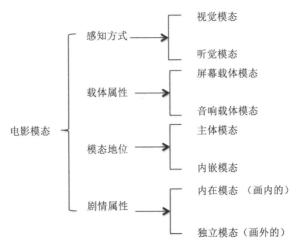

图 8-2 动态视频多模态语篇的模态系统

8.5　动态视频多模态语篇的语法系统

目前从社会符号学角度对动态视频多模态语篇的研究主要集中在语篇语义层。但对于动态视频多模态语篇的语法系统却鲜有深入的研究的，这主要由于在语法层面动态视频多模态语篇与语言在结构上不具有类比性。然而，语法分析对于系统功能理论视角的多模态分析非常重要（张德禄和赵静，2021），所以我们需要探索和构建动态视频多模态语篇特有的语法系统模式。动态视频多模态语篇同样具有语篇语义层、语法层和表达层。电影的语法层是语言与非语言资源，电影的表达层是包含声音的视频，见图 8-3（Feng 和 O'Halloran，2013）。在这个框架中，动态多模态语篇其语法层是由语言与非语言资源组成，也就是说电影的语法层的组合结构是多种模态相加，其基本单位是每一种模态，而其聚合结构，也就是语法系统，是由不同的模态配置模式实现的。在多模态互动分析中模态配置表示各种模态在高层活动中的层级体系或重要程度（张德禄和王正，2016）。

图 8-3　电影与语言的层次上的类比模式（Feng 和 O'Halloran，2013）

在本研究中，我们使用"模态配置"（modal configuration）这一术语表示动态视频多模态语篇中多种模态之间的相互协作模式。模态配置是动态视频多模态语篇语法系统的本质。模态配置包括模态选择、模态组合模式和模态关系三个方面。

所以，动态视频多模态语篇语法系统的体现形式是语言和其他非语言模态的配置模式，而不是具体某一种模态的语法系统。虽然动态视频多模态语篇的每一种模态都有其各自的语法系统，例如图像、颜色、音乐、手势、注视、布局等，都有自己的语法系统，但这并不是分析动态视频多模态语篇的研究重点。张德禄（2009）认为构建多模态话语语法时需要考虑两方面：每个符号系统的语法如何确定；各个符号系统的语法如何相互协作来共同实现三个元功能。由于动态视频多模态语篇是整合了所有视听模态的一种符号资源，所以，"各种模态如何互相协作共同实现意义"是研究动态视频多模态语篇语法系统所要关注的主要内容。

"模态选择""模态组合模式"和"模态关系"共同构成动态视频多模态语篇的语法系统。分别对应于动态视频多模态语篇的概念功能、人际功能和语篇功能。

8.5.1　模态选择

在动态视频多模态语篇的语法层面，"模态选择"属于实现概念功能的语法系统，相当于语言语篇的语法系统中的及物性系统。动态视频多模态语篇中同一个概念意义可以由不同的模态实现（张德禄，2009），正如使用语言时可以选择不同的过程类型表达同一个概念意义。

语言语篇在语法层面的概念功能主要是通过不同类型的过程实现的，例如物质、心理、关系等过程。而对于动态视频多模态语篇重要的不是某一个过程的类型，而是某一个概念意义是以哪一种模态实现的。

动态视频多模态语篇的过程类型是不确定的。这主要是因为图像本身的过程类型就是不确定的。在一幅图像中不同的过程之间是相互内嵌的，一个叙事过程同时又是一个分析过程（Kress 和 van Leeuwen，2006）。例如图 8-4 ，以视觉语法分析，是一个概念过程中的分析过程，突出的是图中人物所穿的衣服的特征（Kress 和 van Leeuwen，2006），但是这幅图像完全也可以理解为一个叙事过程（一个女人坐在那里）。如果这幅图像是一个电影的镜头截图，而镜头的话外音的内容是"我喜欢这些衣服"，这时这个伴随声音的镜头所表达的又是一个心理过程。以视觉语法分析，每一个表达叙事过程的图像同时都可以解释为一个概念过程，因为叙事过程图像必然要呈现参与者的特征，可以将其理解为一个概念过程（或分析过程）。并且作为概念过程的图像也很难确定其具体意义，例如图 8-4 作为一个概念过程，表达的可以是其形象特征（一个漂亮的长头发女人），也可以是其穿着的特征（一个穿着漂亮衣服的女人）。

图 8-4 的社会事件的命题意义可以用语言表达为"穿着漂亮的女人坐在那里"。在动态视频多模态语篇中这一事件可以选择用不同的模态表达，可以是图像，可以是屏幕书写，可以是口语直接叙述，也可以同时用图像配以优美的音乐。不同的模态选择，所表达的概念意义是不同的。所以动态视频多模态语篇模态选择系统的本质是对概念命题意义表达模式的选择，模态选择是动态视频多模态语篇语法层面的概念意义系统，模态选择发生在主体模态和内嵌模态等不同的层面上。

图 8-4　图像命题意义示例(Kress 和 van Leeuwen，2006)

8.5.2　模态组合模式

模态组合模式是实现动态视频多模态语篇人际功能的语法系统。因为不同的模态组合模式其实现的功能相当于语言语篇中不同的"语气"和"情态"实现的功能。

语言语篇的情态(modaliy)主要表达肯定和否定之间的意义范围，是由情态动词和情态副词等实现。而在图像语篇中，情态决定的是图像语篇的真实度，也就是真实度是图像语篇的情态表现形式(Kress 和 van Leewuen，2006)。

在电影动态视频多模态语篇中，动态视频多模态语篇的真实度是由不同的模态组合实现的。不同的模态组合模式决定动态视频多模态语篇的真实性程度。没有添加"制作过程"相关的模态(背景音乐、蒙太奇、屏幕书写等)的动态视频多模态语篇的真实度最高，相当于对真实世界的"机械复制"。监控录像就属于是这一类动态视频多模态语篇。随着字幕书写、蒙太奇、背景声音等制作过程相关的模态的逐步添加，动态视频多模态语篇的真实程度随之降低。随着制作过程的复杂化，添加的"制作过程"相关的模态越来越多，动态视频多模态语篇的真实度也越来越低。电脑制作的动画片中，所有模态都是在制作过程中添加的，所以真实度最低。

人际功能的另一方面是语气(mood)。语言语篇中"提供"或"索取"的言语功能是由不同的语气结构实现的。在图像语篇中，"提供"或"索取"是由是否存在直视读者的"注视"而决定的(Kress 和 van Leewuen，2006)。Painter 等(2011)也认为视觉语篇的实现人际功能的语法系统主要关注的是"读者与语篇中人物的关系"。

对于动态视频多模态语篇，读者与语篇中人物的关系是由不同的模态组合模式实现的，也就是模态的组合模式决定"读者与语篇中人物的关系"。

同一段内容的录像，当选择不同的模态组合模式时，录像中人物与读者的关系会发生变化。例如一段录像的内容是一个人在阳光明媚的草地上散步，当录像只是包括单纯的环境声音时，读者是以旁观者的身份在看动态视频多模态语篇，属于客观视角。当配上优美的背景音乐时（如果背景音乐描述的是语篇中人物的心理状态），读者通过优美的音乐体会到了散步者的愉悦心情，也就是说读者通过声音模态，感受到电影中人物的心情和感觉。这时候读者与语篇中人物的关系发生变化，由客观视角变为主观视角。假如同时再在音乐的基础上配以画外音，当画外音是全知的第三者的声音"杰克享受着这美丽时光"，这时读者受口语模态的影响，以全知的第三者的客观的视角在审视影片中人物杰克的行为，读者与语篇中的人物关系又发生了变化。所以不同的模态组合，决定动态视频多模态语篇中的人物与读者的关系。

综上所述，模态组合模式决定动态视频多模态语篇的真实度和读者与语篇中的人物关系，所以，模态组合模式是决定动态视频多模态语篇实现人际功能的语法系统。

8.5.3　模态关系

"模态关系"属于实现动态视频多模态语篇功能的语法系统。在语篇语义层面，意义的构建依赖于多模态语篇的多种符号资源的协同作用（代树兰，2017），体现在语法层面，各种模态之间的关系是动态视频多模态语篇组篇机制方面最重要的内容。也就是说，模态关系在语法层面是实现动态视频多模态语篇的语篇功能的主要机制。

每一种模态都是实现语篇的整体意义的资源，但模态之间的关系需要符合一定的规则才能形成一个可以被识读的动态视频多模态语篇。例如，口语模态如果与屏幕上出现的视觉形式的书写模态同步时，两者表达的内容通常需要一致或具有相关性，否则将导致动态视频多模态语篇失去可识读性，或者说这些模态无法组成一个连贯的动态视频多模态语篇。如果一段录像的画外音的配音（语言模态）与录像的内容（视觉模态）完全不相关，那么观众就无法看懂，这段动态视频多模态语篇就不是一个连贯的语篇。所以模态之间的关系是实现动态视频多模态语篇功能的语法系统。动态视频多模态语篇的模态关系与语言语篇的主位结构和信息结构系统的功能相似。

8.6　结　语

本章深入探讨了动态视频多模态语篇的模态结构和语法系统，提供了对动态视频多模态语篇分析的新视角和理论框架。虽然动态视频多模态语篇是语篇分析的重要对象，但相关研究尚处于起步阶段，本章旨在探索动态视频多模态语篇的模态结构及其语法系统。模态的五个基本属性：物质载体、符号逻辑、社会选择、供用特征和符号范围。这些属性共同决定了模态如何在特定文化中实现意义。从社会符号学角度提出并论证了模态的内嵌性。模态的内嵌特性，即一种模态可以包含其他模态。以布局和图像、颜色与图像之间的关系为例，说明了模态的内嵌现象及其对动态视频多模态语篇分析的意义。动态视频多模态语篇的模态分为主体模态和内嵌模态两类，并进一步细分为视觉图像、书写、口语、声音等主体模态，以及运动、颜色、光线等内嵌模态。模态配置是动态视频多模态语篇语法系统的本质，包括模态选择、模态组合模式和模态关系三个方面，分别对应动态视频多模态语篇的概念功能、人际功能和语篇功能。本章还讨论了模态选择在动态视频多模态语篇语法层面的作用，指出不同的模态可以实现相同的概念意义，影响动态视频多模态语篇的表达和接收。不同的模态组合模式可以实现动态视频多模态语篇的人际功能，影响动态视频多模态语篇的真实度和观众与语篇中人物的关系。模态之间的关系是实现动态视频多模态语篇的语篇功能的关键，各种模态必须按照一定的规则组合才能形成连贯的动态视频多模态语篇。

　　本章为动态视频多模态语篇的深入分析提供了理论基础和分析框架，指出了动态视频多模态语篇的复杂性来源于其多模态的本质和生产过程的多层次性。通过对模态选择、组合模式和模态关系的研究，揭示了如何通过不同模态的配置来实现动态视频多模态语篇的多种功能，不仅丰富了多模态语篇分析的理论，也为进一步构建动态视频多模态语篇的详细语法系统指明了方向。

　　本章只是初步探讨了动态视频多模态语篇语法层面模态配置的框架结构，对于模态选择模式、模态组合模式和模态关系需要进一步深入研究，构建详细的动态视频多模态语篇语法系统，这是下一步亟待解决的问题。

第9章　动态视频多模态语篇的衔接机制探索

9.1　引　言

语篇的衔接理论一直是语篇分析领域里的一个重要研究方面，在国内外已经有很多的相关研究，而且理论成果也已经比较成熟。但之前的衔接研究主要是针对文字语篇，而近年来，多模态语篇已经成为语篇分析领域里的一个研究热点，所以对于衔接理论的研究也很自然的延伸到了多模态领域。对于图文组成的静态多模态语篇衔接的研究主要有 Lim (2004)、Kress 和 van Leeuwen(2006)、O'Toole (1994)、Martinec 和 Salway(2005)、Unsworth(2006)、O'Halloran's (2005，2007)、Liu 和 O'Halloran (2009)和王正(2011)等，有关视频语篇(video text)衔接的研究主要有 Tseng(2008)、Tseng 和 Bateman(2010，2012)等。但是目前还没有从文体学角度对多模态视频语篇衔的接特点进行的相关研究。

本章以电视节目语篇为例，首先阐述了多模态视频语篇的跨模态互动理论，然后选取了新闻和广告两种不同体裁的电视语篇，从衔接角度进行详细分析，最后对分析结果进行了对比和总结，目的是揭示不同体裁的电视语篇在衔接特点方面所体现的差异。

9.2　动态视频多模态语篇的衔接链

Halliday 和 Hasan(1985)提出了"衔接链"(cohesive chain)这一概念，并且以衔接纽带(cohesive tie)成分之间的语义关系为基础，将衔接链归纳为同指链(identity chain)和相似链(similarity chain)两类，衔接链贯穿于语篇中，对整个语篇的连贯起到重要的作用。Halliday 和 Hasan 认为，不同衔接链之间可以发生互动，衔接链互动(chain interaction)就是指在一个语篇中，一条衔接链中两个或两个以上的衔接纽带与另一条衔接链中的衔接纽带有着相同的关系，衔接链之间通过这种关系相互作用形成语篇的发展脉络。例如：

(1)There were only a few women among the pilgrims who were riding to Canterbury.

(2) One of them was the Wife of Bath. (3) She was a large woman with a red face. (4) She wore a big hat, (5) and she rode on a very fat horse. (6) She was rich, (7) and she had travelled far and wide in the world.

这个片段的衔接链和衔接互动可以总结为图 9-1 所示。

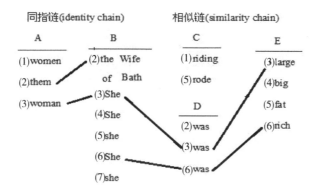

图 9-1　语言语篇的衔接链和衔接互动

在这个语篇中，共有 5 条明显的衔接链 A、B、C、D、E，其中衔接链 A、B 是同指链(identity chain)，衔接链 C、D、E 是相似链(similarity chain)。如图 9-1 所示，衔接链 A、B 与衔接链 D、E 发生互动。衔接链互动在文字语篇中可以抽象为小句或词组成分之间的关系。例如，衔接链 A、D、E 中的项目(3)和项目(6)分别是小句(3)和小句(6)中的标记、过程和价值。

9.3　动态视频多模态语篇的跨模态互动

由于电视语篇是包括语言和画面两种符号资源的多模态语篇，视觉模态主要指连续的电视画面，听觉模态主要指听到的文字语篇。所以在应用 Halliday 和 Hasan(1985)提出的分析方法分析电视语篇的衔接链和衔接互动时，至少应该分析包括两个层面的衔接链：一个层面是听到的文字语篇的衔接链；另一层面是看到的电视画面也就是视觉语篇的衔接链。当然，电视语篇的视觉模态除了电视画面以外，也可能包括字幕等其他内容；听觉模态除了文字语篇外，也可能包括背景声音和背景音乐等。由于篇幅所限，在这里我们对这些内容不做单独分析。

首先，衔接互动可以分别发生在文字语篇衔接链和视觉语篇衔接链的内部。但是由于电视语篇是由两种模态语篇共同构成的一个整体，那么衔接链互动也应该可以发生在不同模态之间。这一点在 Tseng(2008)研究电影语篇的衔接和谐的时候，已经得到了证明。为了描述不同模态之间的衔接链互动，Tseng 提出了跨模态互动(cross－modal interaction)

这一概念。跨模态互动就是指多模态视频语篇的不同模态的衔接链之间发生的衔接互动。

图 9-2 是 Tseng 提出的跨模态互动的模型，A1 和 A2 分别代表文字语篇和视觉语篇内部的同指链和相似链的衔接互动，B1 指的是不同模态之间同指链的跨模态互动，B2 指的是不同模态之间相似链的跨模态互动，B3 和 B4 指的是不同模态之间同指链和相似链之间的交叉跨模态互动。

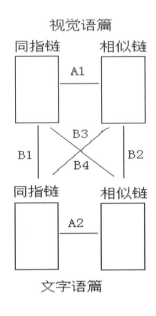

图 9-2　跨模态互动模型

为了对跨模态互动这一概念做进一步的详细阐释，我们选取了一个电视语篇的片段，对其进行了衔接分析。这个片段选自大型纪录片《复兴之路》第二集"峥嵘岁月"的一个片段。这个语篇片段共有 9 个镜头，持续 58 秒时间。表 9-1 是对这个电视语篇的转录，表 9-2 是对其衔接链的分析。

表 9-1　纪录片《复兴之路》片段转录

		画面描述	与镜头对应的画外音的文字内容
1		天安门镜头特写； 彩色	北京，天安门，已经成为中国的一个象征。在中国近现代历史上，它是一个特殊的见证者。
2		在天安门前拍照的人 1； 彩色	

		画面描述	与镜头对应的画外音的文字内容
3		在天安门前拍照的人 2； 彩色	
4		天安门前拍照的人 3； 彩色	
5		天安门镜头特写； 黑白	88 年前的一天，这里爆发了为挽救民族危亡而奋起抗争的五四运动。
6		游行人群镜头 1； 黑白	1919 年 5 月 4 日，北京 3000 多名大学生
7		游行人群镜头 2； 黑白	举行了一场声势浩大的游行，
8		游行人群镜头 3； 黑白	游行的起因是正在召开的巴黎和会。
9		游行人群镜头 4； 黑白	

表 9-2 纪录片《复兴之路》片段衔接项目分析

	同指链					相似链		
	天安门	北京	时间	人群	拍照者	游行	彩色	黑白
1	【天安门】"天安门""它"	"北京"					1【彩色】	
2	【天安门】				【拍照者】		2【彩色】	
3	【天安门】				【拍照者】		3【彩色】	
4	【天安门】				【拍照者】		4【彩色】	
5	【天安门】"这里"		"88年前的一天"					5【黑白】
6		"北京"	"1919年5月4日"	【人群】		6【游行】		6【黑白】
7				【人群】		7【游行】		7【黑白】
8				【人群】		8【游行】"游行"		8【黑白】
9				【人群】		9【游行】"游行"		9【黑白】

注：【】＝视觉语篇的衔接项目；""＝文字语篇的衔接项目。

在这个电视语篇中同指链共有 5 条：天安门、北京、时间、人群和拍照者；相似链共有 3 条，分别是游行、彩色、黑白。相似链在视觉语篇中又分为动作链（action chain）和质量链（quality chain）。动作链指电视画面中参与者的行为、动作；质量链指影片拍摄特点、画面质量等，如影片色彩，镜头取景的远近（Tseng，2008）。衔接链"游行"是动作链，衔接链"黑白"和"彩色"是质量链。

如图 9-3 所示，在这个电视语篇中，视觉语篇的【天安门】链分别与文字语篇中的"天安门"链和"北京"链发生互动。"天安门"以画面的形式出现在镜头 1 中时，同时也以文字形式出现在画外音中："北京，天安门，已经成为中国的一个象征。在中国近现代历史上，它是一个特殊的见证者"。这属于 B1 类跨模态互动，也就是不同模态的同指链之间发生的跨模态互动。视觉语篇的【游行】链与文字语篇的"游行"链发生的互动属于 B2 类跨模态互动，也就是不同模态相似链之间的跨模态互动。

"时间"链与【黑白链】之间发生了跨模态互动，当画外音说到"88 年前的一天"时画面由彩色切换到黑白,"时间"链是文字语篇的同指链,而【黑白】链是视觉语篇的相似链,所以这一类跨模态互动属于 B3 类跨模态互动,B4 类跨模态互动在这个语篇中没有出现。

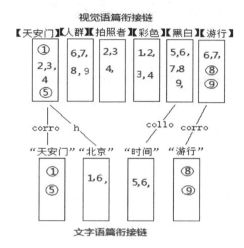

图 9-3   记录篇《复兴之路》片段跨模态衔接互动分析

corro＝correspondence 对应关系;collo＝collocation,搭配关系;h＝hyponymy,上下义关系;○＝直接跨模态互动纽带中的衔接项目

需要指出的是,在分析跨模态互动的过程中,我们发现在电视语篇中,衔接项目的跨模态互动有的具有共时性,有的不具有或者没有明显的共时性。在这段记录片的第 1 个镜头,视觉语篇中的天安门画面与画外音的文字语篇的天安门是同时出现,具有明显的共时性,在影片的第 5 个镜头画面再一次切换到了黑白影片的天安门时,背景声音再一次提到"这里"(天安门)。所以,天安门链中衔接项目 1 和 5 在不同模态之间的跨模态互动具有明显的共时性。这一类具有共时性的跨模态互动我们称为直接跨模态互动,发生直接跨模态互动的衔接纽带我们称为直接跨模态互动纽带。在电视语篇中,没有明显的共时性的衔接项目之间的跨模态互动,我们称之为间接跨模态互动,我们把这些衔接项目形成的衔接纽带称为间接跨模态互动纽带。

Liu 和 O'Halloran(2009)以 Halliday 和 Hasan(1976)提出的词汇衔接关系为基础,将多模态语篇中图像和文字两种模态符号之间的经验语义关系总结为对应(correspondence)、反义(antonymy)、上下义(hyponymy)、整体－部分(meronymy)、搭配(collocation)和多义(polysemy)6 种关系。其中对应关系的实质是同义关系,因为 Lemke(1998)认为文字符号和图像符号之间的意义不能用同一标准衡量,本质上两种符号之间的意义关系不可能完全的对等,所以使用"对应(correspondence)"一词来表达不同符号之间的同义关系更为恰当。

如图 9-3 所示,视觉语篇的【天安门】链与文字语篇的"天安门"链之间的互动关系属于对应关系,与"北京"链之间的互动关系属于上下义关系,视觉语篇中的【黑白】链与文字语篇中的"时间"链之间的关系属于搭配关系。

9.4　电视新闻语篇和广告语篇的衔接对比分析

在这一部分中我们首先选取了两则不同体裁的电视语篇，一则是电视新闻语篇，另一则是电视广告语篇。然后以上面所阐述的理论为基础，分别对两则不同体裁的电视语篇进行衔接分析。分析主要着重于衔接链、衔接纽带的密度、类型，以及跨模态互动关系的类型等方面。

本文所选的电视新闻语篇，是中央电视台新闻联播节目的一则国内新闻，长度是 53 秒。另一则电视语篇是"娃哈哈营养快线"的电视广告，长度是 15 秒，两则语篇都是来自网络。由于篇幅所限，我们省略了视频的转录部分，所选语篇的衔接链分析以及文字内容见表 9-3、9-4。

9.4.1　对电视新闻语篇的衔接分析

表 9-3　新闻电视语篇的衔接分析

镜头	同指链					相似链
	钻井平台	士兵	水	水井	北京军区	工作
1	【钻井平台】	【士兵】				【工作】
2	【钻井平台】	【士兵】			"北京军区"	【工作】
3	【钻井平台】					
4	【钻井平台】			"水井"		"打井"
5	【钻井平台】		【水】"水"			
6		【士兵】				
7	【钻井平台】	【士兵】	"水"			
8	【钻井平台】					
9		【士兵】			"北京军区"	【工作】
10	【钻井平台】					"找水打井"
11	【钻井平台】	【士兵】	"水"	"井"		【工作】
12	【钻井平台】	【士兵】	"水"			【工作】
13	【钻井平台】					

（新闻语篇的文字内容："经过 40 多小时的昼夜奋战，千里驰援西南旱区的北京军区给水工程团分别在广西百色、云南石林两地各打出一眼优质水井，每昼夜出水都可以达到

千吨以上，能够满足驻地的人畜饮水和灌溉用水。这次北京军区共派出十支分队，分别在云南的石林、禄劝、大姚、姚安和广西的田东、巴马等受灾严重的 10 个点找水打井，预计今后几天将陆续出水。"）

在所选的电视新闻语篇中，同指链共有 5 条——"钻井平台""士兵""水""水井""北京军区"。相似链只有一条"工作"。由于影片色彩在这个语篇中并不是突出的特点，对语篇衔接没有起到特别的作用，所以不再单独作为衔接链列出。

图 9-4 是这个电视语篇的跨模态互动示意图。视觉语篇中的【钻井平台】链分别与文字语篇中的"水井"和"打井"链发生跨模态互动的，互动关系是搭配关系；【士兵】链与"北京军区"链发生互动，属于上下义关系；【工作】链与"打井"链互动，属于上下义关系；【水】链分别与"水井"和"水"链互动，互动关系属于搭配关系和对应关系。不同模态之间衔接链的互动次数一共是 6 次，搭配关系 3 次，占 50%；上下义关系 2 次，占 33%；对应关系 1 次，占 17%。

在这个电视语篇中，文字语篇"水"链中的项目 5，与视觉语篇中【水】链的项目 5 同时出现，属于直接跨模态互动。水的画面虽然在视觉语篇中因为只出现一次，没有形成衔接链，但是由于和文字语篇中的水形成互动，起到了衔接整个电视语篇的作用，所以也是一个有效的衔接纽带。

在这个新闻语篇中，直接互动纽带只有"水"衔接链中的纽带 5。

由于视觉语篇衔接纽带是以镜头为单位划分的，所以衔接的数量取决于镜头切换的频率。这则新闻长度共 53 秒，共 13 个镜头，镜头的切换频率为 0.25 个/秒。镜头切换的频率高，意味着单位长度的电视语篇的视觉衔接纽带的数量就会更多；反之，则会更少。

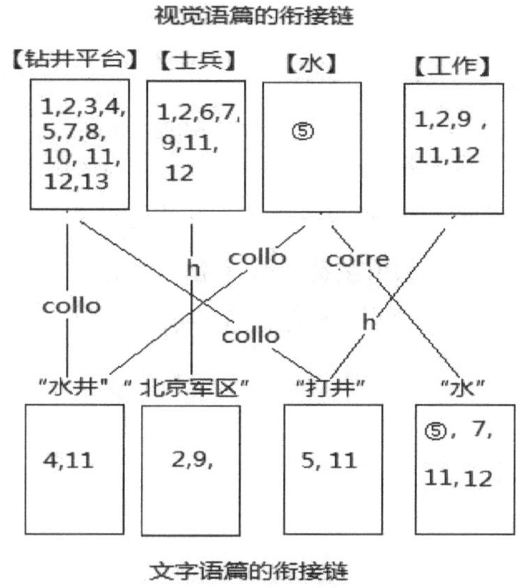

图 9-4　电视新闻的跨模态互动分析

collo＝collocation，搭配关系；h＝hyponymy，上下义关系；○＝直接跨模态互动纽带中的衔接项目

9.4.2 对电视广告语篇的衔接分析

表 9-4 电视广告语篇的转录和衔接分析

镜头	同指链						相似链		
	营养快线	女孩	牛奶	营养	数字	娃哈哈	喝	陶醉	微笑
1	"营养快线"						【喝】	【陶醉】	
2	【营养快线】 "营养快线"	【女孩】							【微笑】
3	【营养快线】 "营养快线"	【女孩】						【陶醉】	
4			【牛奶】						
5			【牛奶】 "牛奶"	【营养】 "营养"					
6	【营养快线】				"15""一"				
7	【营养快线】								
8	【营养快线】	【女孩】					【喝】	【陶醉】	
9	【营养快线】	【女孩】					【喝】	【陶醉】	
10	【营养快线】	【女孩】			"一"		【喝】"喝"	【陶醉】	
11	【营养快线】	【女孩】					【喝】	【陶醉】	
12	【营养快线】	【女孩】							【微笑】
13	【营养快线】	【女孩】			"一"				【微笑】
14	【营养快线】 "营养快线"					【娃哈哈】 "娃哈哈"			

（广告语篇的文字内容："营养快线，营养快线，营养快线。纯正果汁，香浓牛奶。15种营养素，一步到位。早餐喝一瓶 精神一上午。娃哈哈营养快线。娃哈哈。"）

这个电视广告语篇中，明显的衔接链共有9条，同指链共有6条，分别是"营养快线""女孩""牛奶""营养""数字""娃哈哈"，相似链有3条，分别是"喝""陶醉""微笑"，都属于相似链中的动作链。

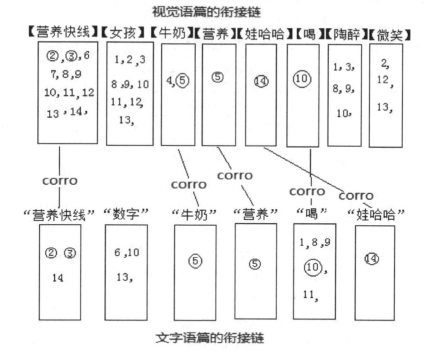

图 9-5　电视广告的跨模态互动分析

corro＝correspondence，对应关系；○＝直接跨模态互动纽带中的衔接项目

这些衔接链之间在两种模态之间发生跨模态互动的衔接链有"营养快线""牛奶""营养""娃哈哈"和"喝"，共 5 条衔接链，发生跨模态互动的次数是 5 次，互动关系全部是对应关系，比例占到 100%。在这个广告语篇中发生直接互动的衔接纽带共有 6 个。分别是"营养快线"链的纽带 2 和纽带 3、"牛奶"链的纽带 5、"营养"链的纽带 5、"喝"链的纽带 10 和"娃哈哈"链的纽带 14。

这则广告的长度共 15 秒，共 14 个镜头，镜头的切换频率为 1.07 个/秒。

9.3　对两则电视语篇的衔接分析结果的对比

通过对比我们发现，电视新闻语篇和电视广告语篇在衔接方面的差异主要体现在以下 2 个方面(见表 9-5)：

①在衔接链的跨模态互动关系类型方面：新闻语篇不同模态衔接链的互动关系主要是搭配关系和上下义关系，对应关系的比例很低，只占 17%；而所选的广告电视语篇的跨模态互动关系全部都属于对应关系，达到 100%。

②在发生直接跨模态互动的衔接纽带数量方面：新闻语篇的长度为 53 秒，但直接跨模态互动衔接纽带只有 1 个，平均 0.094 个/秒；在所选广告语篇长度为 15 秒，直接跨模态互动衔接纽带有 6 个，平均 0.4 个/秒。两类语篇在这方面存在较大差异。

表 9-5　电视新闻和广告衔接分析结果对比

	电视新闻语篇	电视广告语篇
跨模态互动关系类型	对应关系 1 次，占 17%	对应关系，比例占到 100%
直接跨模态互动的衔接纽带	直接互动纽带 1 个，平均 0.094 个/秒	直接互动的衔接纽带共有 6 个，平均 0.4/秒

van Leeuwen(2005)曾经指出过，新闻电视语篇属于跨模态衔接和谐程度较低的一类多模态语篇，我们的研究结果也证明了这一点。从分析结果中可以发现，新闻语篇与所选的广告语篇相比，衔接链之间的互动关系属于对应关系的比例较低。对应关系就是同一个概念出现在两种不同模态的语篇中，从认知角度讲，比上下文关系和搭配关系等更为直接，所以其衔接力要大于其他类型的互动关系。新闻语篇的文字与图像之间跨模态互动关系中对应关系的比例低，意味着两者之间的衔接和谐度低。另外，直接互动纽带其衔接力显然大于间接互动纽带，新闻语篇中发生直接跨模态互动的衔接纽带的比例远远低于广告语篇，也同样意味着其文字与图之间的衔接和谐程度低于广告语篇。

另外需要指出的是，两类语篇在镜头切换频率方面也有很大的差异。所选新闻语篇长度是 53 秒，共 13 个镜头，镜头的切换频率为 0.25 个/秒。所选广告的长度是 15 秒，共 14 个镜头，镜头的切换频率为 1.07 个/秒，后者是前者的 3.8 倍。镜头切换的频率高，意味着单位长度内的电视语篇的视觉衔接纽带的数量就会更多；反之，则会更少。所以镜头切换频率对电视语篇的衔接和谐程度也会产生影响，但是两者之间的关系还有待于进一步研究。

9.5　结　语

本章首先以一个电视片段为例阐述了多模态视频语篇衔接关系中的跨模态互动理论，然后从衔接角度分别对一则电视新闻和一则电视广告进行了详细分析。通过对分析结果进行对比，发现这两类不同体裁的电视语篇，在跨模态互动的关系类型，以及直接互动的衔接纽带所占的比例等方面存在较大的差异。并且镜头切换的频率在这两类电视语篇之间也有很大的差异。所以，衔接模式与电视文体之间存在一定的系统关系，通过对多模态电视语篇进行衔接分析，可以在一定程度上对其文体做出区分。

第 10 章　动态视频多模态语篇的积极话语分析模式的构建与应用

10.1　引言

积极话语分析是 Martin 在 1999 年在会议论文 *Positive Discourse Analysis：Solidarity and Change* 一文中最早提出的。Martin(2004)认为语篇分析者不能只专注于"语言是权力滥用的工具"，同时应该注意到语言也可以帮助构建一个更好的世界，语篇分析不应仅仅满足于揭露和批判，而且要通过话语分析，努力使我们的世界变得更美好。Martin 的许多文章和著作都贯穿着积极话语分析的指导思想，例如：Martin(2001，2003，2004，2008)、Martin 和 Hood(2006)等在阐释评价理论的过程中，选取了与"澳大利亚白人社会曾经对土著居民造成深重苦难"这一主题相关的语篇作为语料，深入探讨了语篇在促成"澳大利亚白人和土著人和解"方面所起到的积极作用。

国内积极话语分析的相关介绍和研究也很多。例如：胡壮麟(2012)指出积极话语分析的本意是"积极批评话语分析"，其分析的目的是力图营造一种气氛，以共同努力实现一个既定目标，最后建造一个平等和谐的社会；唐青叶(2008，2012)研究了电视新闻和报刊网络等国内媒体中弱势群体的身份表征的话语特点，指出当前媒体对弱势群体的声音依然缺乏足够的关注。

积极话语分析在语料选择和分析目的方面始终以积极二字为指导思想，在揭示问题存在的同时努力寻找解决方法，这一点与传统的"批评话语分析"是有区别的，是一种进步。所以"积极话语分析"作为话语分析的一个方向，对于实现一个和谐共赢的社会有重要的意义，需要我们深入研究。

多模态语篇分析起步于以系统功能语言理论为基础的《阅读图像：视觉设计的语法》一书(Kress 和 van Leeuwen，1996)，并且从起初的静态图文多模态语篇分析，已经发展到了对动态的视频类多模态语篇的分析。但语言学界对于动态的视听多模态语篇的研究仍然才刚起步，其中比较有影响力的研究包括以 Baldry 和 Thibault(2006)、O'Halloran(2011)为代表的系统功能语法分析以及 Bateman 和 Schmidt（2012）为代表的社会符号学分析。两种分析模式都是以系统功能语言学理论为基础。前者主要以电视广告为研究对象，对动态语篇转录之后以视觉语法为理论基础进行分析解读；后者以马丁所构建的语篇语义系统为基础(Martin，1992；Martin 和 Rose，2003)，构建了描述动态电影的语篇语义系统。

评价理论是对 Halliday (1978，1994)的系统功能语法中人际功能的深化和拓展。Martin 在 20 世纪 90 年代创立了评价系统的理论框架，他的两本著作(Martin 和 Rose，2003；Martin 和 White，2005)对评价理论及其应用做了详细的介绍，标志着评价理论的发展和成熟。国内很多学者如王振华(2001，2004，2012)、李战子(2004，2006)和彭宣维(2010)等对评价理论也做了详细的介绍，并进一步对其进行了应用和发展，在此不再赘述。

近年来评价理论的相关研究已延伸到多模态语篇领域。Economou (2009，2014)结合评价理论和系统功能的多模态语篇分析理论构建了报纸中新闻图片的评价意义系统。Chen (2010)以社会符号学的多模态理论和评价理论为基础，分析了国内教课书中态度意义表达特征，并且探讨了态度意义表达与实现教学大纲目标之间的关系。冯德正(2014)综合认知理论、评价理论和系统功能符号学方法提出了电影语篇中态度意义构建模式的理论框架。

然而，到目前为止积极话语分析作为一种语篇分析模式本身还缺少完整的理论框架和明晰的操作模式。这使得积极话语分析很大程度上仍然还只是一种话语分析的指导思想，正如田海龙(2012)所指出的：积极话语分析目前只是实现了"术语"层面的创新而已，既没有带来一个新的话语分析学派，也没有提供新的研究范式。所以目前积极话语分析作为一种研究模式亟待解决的问题是需要有一个明晰的理论框架和操作模式。针对这一问题，本章结合多模态话语分析和评价理论，通过深入分析中央电视台的一则焦点访谈节目，尝试构建了适用于动态多模态语篇的积极话语分析理论框架。一方面将积极话语分析在多模态语篇中的操作模式清晰化，另一方面将积极话语分析应用到目前还很少从此角度研究的电视访谈类动态多模态语篇，拓展了积极话语分析理论的应用范围。

10.2 积极话语分析理论框架

批评话语分析的焦点是权利的控制(dominance)，即语篇如何实现一个群体对另一个群体的控制(Van dijk，1993)；积极话语分析的焦点是联盟(alliance)，也就是语篇如何促成一个群体与另一个群体之间的联盟。

Martin(2004)分析了语篇在促成澳大利亚土著人与白人和解方面所起到积极作用，初步指出了声音(voice)、感情(feeling)和叙述(narrative)是积极话语分析的重要方面，但在分析时并没有充分论证从这三个方面对语篇进行分析时的具体操作方法。在马丁的研究基础上，我们对声音、感情和叙事三方面的分析进行了细化，明确了分析方法和具体操作模式，提出了较为完整的积极话语分析框架。见图 10-1。

"声音"一词源自 Bakhtin（1981）的对话理论，他认为语言是社会实践，具有对话性，之后声音这一术语在社会语言学中被广泛应用，但语言学家对其定义各不相同。Blommaert（2005）认为声音是"人们使自己被别人理解的方式"。他认为交际事件受社会结构影响，语言学家需要分析不同的社会结构与语言使用者构建声音的能力之间的关系。Bartlett（2012）认为声音是"通过语言实现适当行为的手段"，声音是由语篇语境与社会语境的切合程度实现的。总之，"声音"这一术语关注的核心是个人或群体是否有效的表达了自己的思想或需求。

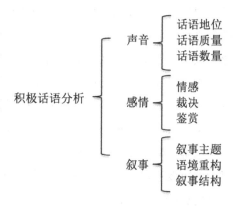

图 10-1　积极话语分析理论框架

与文字语篇不同，声音在电视语篇中的表达更为直接和具体，因为声音可以直接通过群体的话语来表达；声音的来源更加明确，因为说话人身份以及具体的情景可以直接呈现在屏幕上。所以对多模态视频语篇的声音分析，可以直接通过分析语篇中群体的话语的数量、质量和凸显度等来实现。

声音在多模态视频语篇中主要是关于话语权的问题，声音表达主要取决于"语篇作者"即节目制作者给了群体多少话语权，以及什么样的话语权，因为群体是通过话语表达声音的。群体在语篇中的话语权主要体现在三个方面：话语地位、话语质量和话语数量。声音的分析主要是对语篇中不同群体的话语在这三方面进行对比，以揭示到底哪一个群体的话语权处于优势地位。处于优势地位的话语群体则是语篇作者和观众联盟的对象。语篇中群体的话语的地位主要通过话语的优先权实现。在针对同一问题发声的时候，哪一个群体首先获得发声的权利，其声音则先入为主，被前景化，被前景化的话语表达的声音通常处于优势地位。话语的质量是指群体的话语表达是否受到限制，是否有利于群体利益获得。话语的数量是指不同群体的话语在语篇中所占的相对数量。话语数量多的群体比话语数量少的群体其声音的表达通常会更充分。在多模态语篇中声音的表达可以由语言和图像共同实现(Marin，2004)。

感情分析主要关于语篇作者如何通过运用语篇中的各种资源（主要是评价资源），左右读者或观众的感情倾向，从而促成语篇中的群体、作者和读者之间的结盟。马丁(2004)认为群体是围绕对事物的态度而形成的，感情分析关注的是语篇中的态度资源。对态度资源作用的分析主要以评价系统中的态度系统为理论基础。态度系统包括情感、裁决和鉴赏三个方面。情感是语篇通过叙述语篇中群体的感受，引起读者（观众）的移情或反应，从而促成语篇中的群体与观众结成联盟。裁决是对行为根据伦理道德的标准来评价。裁决分为正、负两个方面。对语篇中群体行为的正面裁决会促成观众与其结成联盟，对其负面的裁决会使观众与其疏远，从而使观众同与该群体利益相对或冲突的群体结盟。鉴赏是对文本、过程及现象的评价，同样有正面含义和负面含义。鉴赏在促成群体结盟方面的作用通常是通过与情感和裁决交互作用而实现的。鉴赏会通过引发、增强或减弱情感和裁决，从而促进群体之间的联盟。所以在对语篇的感情进行分析时，我们需要分别对语篇中表达情感、裁决和鉴赏的态度资源进行分析，以揭示其在促成群体联盟时所起到的作用。

叙述是积极话语分析的第三个重要方面。Martin(2004)通过对 Paul Kelly 的一首内容关于澳大利亚土族人争取土地权利的颂歌进行分析，指出叙事不仅可以通过所叙述事件的中心思想或主题实现与读者的联盟，而且通过对所述事件的语境重构也可以促成群体的联盟和和解。除了叙事主题和叙事过程中的语境重构外，我们认为叙事结构，作为实现叙事目的的重要手段，对于促成群体的联盟也起到重要作用，因为话语结构对于实现讲话者对观众的影响有重要作用(Van dijk, 1993)，这一点在下面对焦点访谈的实例分析中我们会进一步论证。所以对焦点访谈节目的叙述的分析，我们主要分析叙事主题、语境重构和叙事结构三方面对实现作者、语篇中群体与读者联盟过程中所起到的作用。

由于焦点访谈属于语言类访谈节目，语言模态在整个语篇表达意义的过程中起主导作用，分析时我们以语言为主体。但作为多模态动态视频语篇，其图像所表达的意义也不容忽视，所以在分析语言同时也进一步分析图像和语言共同协同在声音、感情和叙述方面实现的意义和作用。

10.3　焦点访谈节目的语篇转录

焦点访谈属于新闻专题类节目，主要由四部分组成：提要、导语、主体事实部分和结语。提要通常是在节目播出之前对节目主要内容的预告，由于本次研究采用的语料来自CCTV 的官方网站，网站中节目资源不包括提要部分，所以本次研究只涉及节目的导语、主体事实和结语三部分。

Baldry 和 Thibault(2006)提出段(phase)是电影语篇宏观层面的组织单位，是语篇分析宏观层面基本的可分析单位，多个段落可以组成大段(macro-phase)，段内部可以进一步划分为多个小段(sub-phase)。段的划分以语篇的意义为基础。

我们首先以镜头为基本的客观单位对整个访谈的语篇进行转录。然后根据语篇的内容把语篇分成大段，大段再划分为段，并且在段内进一步划分出小段。

由于节目属于较长的动态视频语篇，需要借助软件完成转录和标注。我们使用 ELAN 5.1软件进行转录和标注。所选的节目长度共 11 分 28 秒，由 127 个镜头组成。整个节目划分三大段。镜头 1、2 是片头和导语部分，是第一大段；镜头 126、127 是节目的结语和片尾，是第三大段。第二大段是节目的主体部分。对节目的段落划分及内容概括见表 10-1。

表 10-1　"焦点访谈"语篇内容概括

大段	段（内容概括）	小段	内容概括
	大段（一）（镜头 1、2）		片头和导语部分
大段（二）（节目主体部分，镜头 2—125）	1. 潘瑶老人的困扰	1. 镜头 3—7	画外音叙述了拆迁给潘瑶老人带来的焦虑和烦恼。
		2. 镜头 8—14	潘瑶老人对拆迁事实的叙述。
	2. 旧城不拆拆新城	1. 镜头 15—26	画外音对旧城不拆拆新城的事实的叙述。
		2. 镜头 27—32	潘瑶老人在现场对"旧城不拆拆新城"情况的讲述。
		3. 镜头 33—38	记者就"旧城不拆拆新城"对当地政府官员的采访。
	3. 为了商业利益政府统一组织拆迁	1. 镜头 39—43	画外音陈述法律对拆除使用寿命内的建筑物的相关规定。
		2. 镜头 44—52	记者采访民众，民众追问拆迁征用的土地的用途。
		3. 镜头 53—75	记者通过调查和对政府官员的采访证实拆迁征收的土地是用于商业开发。
		4. 镜头 76—85	住户证实房屋产权完全归住户个人所有。
	4. 政府动用行政手段强迫住户同意拆迁	1. 镜头 86—90	调查证实，对于不同意拆迁的住户政府承诺会做好沟通工作。
		2. 镜头 91—107	政府动用了行政手段强制性拆迁。
		3. 镜头 108—117	通过对相关住户采访以及记者的调查，证实政府动用行政手段拆迁迫使很多人签了拆迁协议。
	5. 政府从拆迁中可以获得丰厚利益	1. 镜头 118—119	大多数住户已经签订了搬迁协议。
		2. 镜头 121—125	当地政府通过转让土地可以获得巨额资金。
	大段（三）镜头 126—127		结语部分和片尾。

10.4 焦点访谈节目的声音分析

对节目声音的分析我们主要针对体现话语权的话语地位、话语质量和话语数量三个方面来进行。

10.4.1 话语地位

话语地位的主要体现是群体的话语在语篇中是否被前景化。视频语篇中前景化的主要表达手段之一是顺序安排处于优先的位置。因为与书面的语言语篇不同，视频语篇是按时间顺序展开的，观众必须从前看到后，所以先表达的话语会先入为主，影响观众对后面话语的接受和理解，所以优先表达的话语通常是被前景化的。

节目的主体部分一开始讲述的就是被拆迁群众的故事。主体部分的第 1 段画面中展示的内容是潘瑶老人以及他的装修漂亮的房子，同时画外音首先叙述了拆迁给潘瑶老人带来的焦虑和烦恼，接下来是潘瑶老人亲自向观众讲述拆迁的事实。所以通过表达顺序安排，节目中被拆迁群众的话语被前景化了，得到了优先的表达。

节目每一个段落所表达的核心问题不同，第 2 段的核心问题是"为什么旧城不拆拆新城"。针对这一问题，现场记者分别对住户和政府官员进行了采访，所以两个利益群体"被拆迁群众"和"当地政府"都给予了话语机会。在顺序上，节目呈现的首先是对住户进行的采访，然后是对当地政府官员的采访。所以从话语顺序安排来看，第 2 段中"群众"的声音优先得到了表达，是被前景化的。

第 3 段围绕的核心问题是"拆迁是否是为了商业利益"，同样节目也直接援引了现场记者分别对住户和政府官员的采访。呈现顺序上和第 2 段一样，对拆迁民众的采访先于对政府官员的采访。所以从这一段的话语顺序安排上来看，住户的声音仍然是被前景化的，优先于政府的声音得到了表达。

第 4 段的探讨的问题是"当地政府为何动用行政手段组织拆迁"。在第 4 段中同样有现场记者对群众和当地政府代表的采访。从顺序上看，对政府官员的采访先于对被拆迁户的采访。在采访政府官员的时，政府官员表示：（在征得住户同意方面）会与不同意拆迁的住户做好沟通工作。而接下来对住户采访时，住户陈述的事实却是：住户本人以及很多其他许多人，是迫于政府的行政压力才同意拆迁。后者的话语对前者话语的真实性做出了否定，证实当地政府言行不一。这样的顺序安排的结果是使被拆迁群众的话语表达的内容更令人信服，所以这段中群众的话语是被前景化的。判定一个话语是否被前景化，除了话语的先后顺序外还要结合话语的具体内容，具体情况具体分析。

第 5 段是画外音对政府从拆迁中可以获得丰厚利益的事实的叙述，没有援引两个群体的直接话语。

从以上的分析中可以看出，节目中普通民众的话语被前景化了，群众的话语地位高于当地政府的话语地位，其代表的声音得到了优先和有效的表达。

10.4.2　话语质量

Martinec 和 Salway(2005)以及 Unsworth(2006)的研究表明，在多模态语篇中图像对文字内容意义可以起到解释、延伸和提升的作用。如果语言模态的话语通过图像模态进一步得到了解释、延伸和提升，那么我们说其表达效果或话语质量就会提高。质量相对高的话语权意味着其代表的声音处于优势地位。

节目中镜头 81—85 是记者就房屋产权问题对一位住户的采访(见表 10-2)。镜头 81 是住户向记者讲述自己的房屋三证俱全，当住户讲到都是盖着公章的时候，镜头 82 切换到对土地使用证的特写镜头，当谈到房屋所有权证也是盖着公章的时候，镜头 84 又切换到对房屋所有权证的特写镜头。土地使用证以及房屋所有权证的特写镜头的画面，对住户所讲述的文字内容起到了进一步解释的作用，从而使住户讲述的内容更容易令观众信服。

表 10-2　"焦点访谈"镜头 81—85 图像内容转录

序号	81	82	83	84	85
画面					

而相比之下，对政府官员的采访时镜头画面单调，缺乏对其讲话的内容的进一步解释、延伸或提升的画面内容。镜头 101—107 是对地方政府官员(普洱市建设局长)的采访的一个片段(见表 10-3)。在这个片段中，镜头画面单调，只是两个不同角度的镜头反复切换，没有进一步对讲话内容进行阐释的画面。

对民众的叙述配以丰富的镜头画面，使民众所讲的内容看起来更加生动真实，从而使观众更加信服。与节目中的另一群体的即当地政府官员相比，被拆迁群众作为一个群体，其声音得到了更高质量的表达。所以，在节目中民众的声音被丰富化，得到了高质量的表达。

表 10-3　"焦点访谈"镜头 101—107 的图像内容转录

序号	101	102	103	104	105	106	107
画面							

10.4.3 话语数量

在节目中直接发言的普通民众共有 4 位，直接发言的政府官员只有一位。由于动态视频语篇是以时间顺序展开的，所以发言的时间长度是话语数量的直接体现。根据 ELAN 软件标注结果统计，4 位在节目中直接发言的群众讲话总时长共 114.2 秒，政府官员讲话的总时长为 114.9 秒，两者时长几乎相等。所以两个群体直接表达声音的话语数量几乎是相等的，没有显著差异。

10.5 焦点访谈节目的感情分析

作为促成联盟的资源，情感、鉴赏和裁决的作用是不同的。裁决促成联盟的作用最为直接。对一个群体行为的正面裁决意味着与该群体直接的联盟，而对其行为的负面裁决则表示与该群体观点相反的第三方联盟。情感和鉴赏的最终目的是引发裁决，可以看做是裁决的隐性表达。所以情感和鉴赏两种态度资源促成联盟时的作用是间接的。对态度资源的分析，我们始终围绕着"如何促成作者、观众和语篇中群体的联盟"来进行。

10.5.1 裁决

态度资源在多模态语篇中的表达方式可以分为显性和隐性两种，显性表达是通过内嵌实现，除内嵌以外的引发、旗示等都属于态度的隐性表达（冯德正和亓玉杰，2014）。所选语篇中包含显性的裁决的只有三句话，见例 1—3。

例 1：【主持人】旧城改造原本是一件造福居民、造福城市的<u>好事情</u>［正 裁决 社会制约］，但是如果一些建成才十多年的楼房，也被纳入了"旧城改造"的范围，这就让人觉得<u>有点困惑了</u>［负 裁决 社会制约］。

例 2：【住户 1】才使用了 6 年，我们 04 年才领到了房产证，这个更新，这个是 05 年 06 年才造的，背后还有 07 年 08 年才交付使用的，有些是装修好人还没入住的都有，所以像这样的房子，我感觉到拆掉确实是太可惜了。确实是一个<u>资源的浪费，令人心痛啊</u>。［负 裁决 社会制约］

例 3：【住户 3】三证俱全，您看看这个是土地使用证，都盖着公章的，这个是我的房屋所有权证，这也是盖着公章的，这证明这个房子我的手续完全具备，这就是我个人所有的，如果不经过我同意你来拆迁，这不是明显的<u>侵犯我的合法利益吗</u>？［负 裁决 社会制约］

除了例 1 是来自主持人的话语以外，其他 2 例包含显性（内嵌）负面社会制约性裁决的句子均来自被拆迁住户的话语。

焦点访谈节目本身的态度主要由主持人、现场记者和画外音三个声音表达，其中节目态度最直接的代言人是主持人，其次是现场记者，最后是画外音。画外音代言节目本身的程度最低，因为讲话者不直接出现在屏幕上。

导语部分只有一句话包含明显的评价内容（见例1）。并且主持人使用原本是表达情感意义的"困惑"一词，对"把建成才十多年的楼房，纳入了旧城改造的范围"这种行为做出裁决，并且使用"有点"一词修饰"困惑"又进一步降低了负面评价的强度。而且实施行为的主体在句子中被省略了，这样使负面评价变得更加隐性和间接了。尽管如此，主持人已经就"新房纳入旧城改造范围"这一行为还是表达了负面裁决态度。

由于节目中的三处负面裁决，其裁决的对象都是新房子将要被拆这一行为，所以从节目一开始主持人作为节目本身最直接的代表，就通过与群众对同一行为相似的裁决表达了与群众结成联盟的倾向。

10.5.2　情感和鉴赏

我们以节目主体部分第一段为例分析情感和鉴赏资源对促成群体间结盟的作用。节目第一段分为两小段。小段1是对潘瑶老人的烦恼的叙述（见例4）。

例4：【画外音】家住云南省普洱市的 *69 岁退休老人*［*引发对潘瑶老人能力的负面裁决的标志*］潘瑶这些天一直非常*焦虑*［*内嵌的负面情感*］。因为他*花了全部积蓄买下来、准备用来安度晚年的*［*引发正面鉴赏的标志*］这套房子，马上就要被拆迁了。

和第一小段文字内容同步的画面内容是镜头 3−7，画面中的主要内容是：花白头发、满脸愁容的潘瑶老人，和他所住的宽敞明亮、装修得很好的并且很新的房子。

这一小段中，评价的对象主要是潘瑶老人和他的房子。对潘瑶老人的评价是通过引发和内嵌共同实现的。"69 岁退休老人"一词，引发对潘瑶老人能力的负面裁决："老人年岁已高并且退休了，能力上成为弱势群体"。通过引发的负面裁决，引起观众对潘瑶老人的同情。"焦虑"一词内嵌的负面情感，通过移情，进一步加深了观众对老人的同情。对于潘瑶老人的房子的鉴赏也是通过引发实现的。"花了全部积蓄买下来、准备用来安度晚年"的描述，引发了对房子质量和价值的正面鉴赏。

在这一段中的态度资源都被升级了。态度资源的升级是通过语言和画面共同实现的。语言上："这些天一直非常"，通过聚焦手段，强化了潘瑶老人的焦虑；"花了全部积蓄"在语势方面，通过量化升级了对房子价值的鉴赏。另外，电视画面对文字叙述中评价的升级起到了重要的作用。电视画面对语言的态度意义起到了延伸和提升的作用。在这一小段中，通过语言和画面共同对态度资源的升级，使观众对潘瑶老人的同情最大化，从而使观众对拆迁新房的做法产生更加强烈的质疑。

以上分析证明，节目一开始的这一小段的叙述，通过情感和鉴赏资源的组合，把观众的感情拉向了普通民众一方，使观众站在群众一边，促成了观众和普通群众的结盟。

10.6　焦点访谈节目的叙事分析

如果说感情分析是关于语篇中的显性态度资源在促进联盟中的作用，那么叙事分析则主要关注的是语篇中隐性态度资源。叙事的本质是通过语篇策略的运用影响语篇中概念意义，从而影响隐性态度意义的表达，进而促成不同群体之间的联盟。因为概念意义从来就不是中性的，概念意义在没有表达态度的词汇时候也可以引发评价（Martin 和 White，2005）。

10.6.1　主题内容

从表 10-1 的内容概括我们可以把所选的这一期焦点访谈节目的主题归纳为"当地政府为商业利益将民众的新房子纳入拆迁范围，并通过行政手段实施强拆"。正如前文所指出，节目本身对这一主要事件没有表明态度，但是这一事件对于普通观众来讲是一件违背常识和常理的事情，是引发负面社会约束裁决的事件。而事件的执行者是地方政府，所以节目的主题内容是引发对当地政府行为负面裁决的信号。对同一事件中两个参与群体中的一个群体的负面裁决通常会引发与事件中另一个群体的联盟。

所以，通过对"普通民众的崭新的房子就要被拆迁"这一主题思想的陈述，这一期焦点访谈节目促成了节目本身以及观众与节目中被拆迁民众的结盟。

10.6.2　叙事顺序

下面我们以节目的第 3 段和第 4 段为例，分析叙事顺序的安排对于实现语篇态度的作用。

主体部分的第 3 段可以根据内容进一步分成 4 小段。首先，第 1 小段，在画外音的叙述中，通过援引法律条文证明"因为非公共利益，拆除符合城市规划和建设标准、在合理使用寿命内的建筑物"这种行为是违法的。但是，由于当地政府行为不合法的前提条件是"为非公共利益需要"，问题的焦点就转向了此次拆迁是否是为公共利益而进行的。接下来在第 2 小段中，通过记者采访被拆迁群众来追问拆迁征用的土地的用途。

第 3 小段通过记者对政府文件的调查以及对政府官员的采访，证实拆迁征收的土地是用于商业开发，而不是为公共利益。

第 4 小段的主要内容是：根据普洱市政府提供的材料证实被拆迁的范围包括一部分行政事业单位。由于行政事业单位财产属于政府所有，政府征收自己的财产自然是合法的。但是由于拆迁范围内还包括 1800 多住户，于是问题焦点又一次转向被拆迁住户的房屋产权问题。而接下来，通过记者现场采访住户的回答证实，房屋产权完全归住户个人所有。

第 3 段中没有来自节目本身的显性内嵌裁决。内嵌负面裁决全部援引于被采访的住户。但是节目本身，通过对事实的叙述却完全实现了对政府行为的负面裁决。因为在这一段的叙述中，首先通过援引法律条文规定了哪些政府行为是不合法的，然后通过事实叙述一步步证实当地政府做出了这样的行为，从而对当地政府行为的合法性做出了负面裁决。

同样的引发对当地政府负面裁决的叙事方式也发生在节目的第 4 段。第 4 段包括 3 个小段。第 1 小段：话外音叙述通过记者调查得到的情况是"当地政府对于不同意拆迁的住户会做好沟通工作"。这一点在接下来对当地政府官员的采访中得到了证实。但是在第 2 小段通过画外音的叙述，以及接下来在记者针对行政强拆问题对官员进行的采访中，证实政府实施了"行政强制拆迁"的做法。第 3 小段通过画外音的叙述以及另一位住户的叙述，证实了行政手段迫使很多人不得不在协议上签了字。由于在第 1 小段中当地政府官员的说法（要与住户做好沟通），与第 2 和第 3 小段中当地政府的实际做法（实施行政强拆）完全不同，所以叙述本身引发了对当地政府行为的真实可靠性的负面的裁决。

从以上的分析可以看出，节目对事实的叙述顺序的安排使叙述本身引发了对当地政府行为的负面裁决。对一个群体的负面裁决意味着与其相对的另一群体的结盟，所以叙事顺序的安排直接促成了节目本身和观众与节目中的被拆迁群众的结盟。

10.6.3　语境重构

所选节目主体部分的第 1 段是语境重构的典型例子。第 1 段包括两小段，内容见例 4。第 1 小段的画面内容是：花白头发、满脸愁容的潘瑶老人，和他所住的宽敞明亮、装修的很好的并且很新的房子。第 2 小段的画面内容是：潘瑶老人对新房将要被拆迁的事实的叙述，第 1 小段通过画面表达的是被拆迁群众的声音。但是与第 1 小段图像同步的声音模态的语言内容是画外音对潘瑶老人新房将要被拆迁的事实的叙述。画外音是节目本身的声音，而画面中图像模态表达的是群众的声音，两种声音通过视频语篇的特性（声音和图像可以同步）融合在了一起，即节目的声音与被拆迁群众的声音融合在了一起。图像的叙事更为直接，是前景化的，而声音是间接的，因为讲话人不出现在屏幕上，是背景化的，并且背景声音与画面展示的内容以及潘瑶老人陈述的事实内容是一致的，所以直观上整个段落都是在展示群众的声音。

画外音作为语篇作者声音（节目声音）的代表，在叙事过程中与节目中普通民众声音（语篇画面内容）的融合，使节目声音（画外音）被语境重构为群众的声音。从而实现了节目本身与被拆迁群众这一群体的联盟。这种语境重构模式是通过多模态视频语篇声音和图像共时这一叙事方式实现的。对于语篇中的另一群体——地方政府则没有类似情况的语境重构现象发生。

10.7 结 语

本章以多模态话语分析理论和评价系统理论为基础，对中央电视台的一期题为"'旧城改造'与商业拆迁"的焦点访谈节目从积极话语分析角度进行了分析，目的是构建适用于动态多模态语篇的积极话语分析理论框架。该理论框架包括声音、感情和叙事三个方面，通过这三方面的分析，可以揭示语篇在促成作者和语篇中群体与读者结盟过程的运作机制，同时拓展了评价理论在多模态语篇分析中的应用范围。

通过分析发现，在这一则关于民生的焦点访谈节目中，普通民众的声音得到了自由、充分的表达。并且在感情上，节目通过运用各种评价资源，促进了观众与节目中的普通民众群体和节目本身的结盟，所选焦点访谈节目从根本上代表了普通民众的声音。

本章所构建的积极话语分析框架不仅适用于访谈类多模态语篇，对于电影、广告和新闻等其他语类的多模态语篇同样具有应用价值，这是下一步需要研究的方向。另外，本章只是对焦点访谈的个案分析，为了进一步深入了解这一类多模态语篇的特点，量化分析是有必要的。

第 11 章　动态多模态语篇的批评话语分析模式的构建与应用

11.1　引　言

多模态批评话语分析的研究对象已经扩展到了动态多模态语篇，但目前仍主要依赖于静态多模态语篇批评话语分析的理论方法。动态多模态语篇有其特殊性，需要针对其特点构建适用的多模态批评话语分析模式。本研究在综合已有的动态多模态语篇分析模式的基础上，构建了以分析语篇内在语境中的社会情境成分呈现模式为主的动态多模态语篇批评话语分析模式。并且分别对电影和电视广告两种不同体裁的动态多模态语篇进行了实例分析，验证了该模式对于不同体裁的动态多模态语篇的普遍适用性。以该模式分析动态多模态语篇可以深入揭示语篇隐含的深层意义和语篇背后的意识形态操控。

11.2　研究背景

批评话语分析与多模态话语分析有很多共同之处，其中之一是两者都借鉴了社会符号学理论（Djonov 和 Zhao，2014）。社会符号学起源于 Halliday（1978）的"语言是社会符号"的思想。社会符号学研究的特点之一是与批评话语分析在学术思想上的融通，这使许多社会符号学的相关研究中体现了批评话语分析的思想和方法（田海龙，2019）。近年来批评话语分析呈现出向多模态化方向发展的趋势，并且已经产生了许多相关的研究。这表明多模态分析可以与批评话语分析相结合，揭示多模态语篇背后的利益动机和意识形态操控（Machin，2016）。国内学者张德禄和张珂（2022）把批评话语分析模式与 Martin（2006）的积极话语分析模式相结合，同时结合多模态话语分析模式，构建了一个多模态批评（积极）话语分析综合框架。董梅和袁小陆（2021）构建了多模态审美批评话语分析框架。与此同时，多模态批评话语分析的对象也从静态图文语篇扩展到了动态多模态语篇。例如，李晶晶(2019)对口译过程的现场视频进行了批评性分析。

目前多模态语篇分析仍多偏重于静态语篇(易兴霞，2015)，专门针对动态多模态语篇分析的研究还比较少。相关研究成果最多的是系统功能模式的多模态电影语篇分析。该模式也可以称为社会符号学模式，主要沿着三个方向发展：第一个发展方面是以 Bateman 和 Schmidt（2012）为代表的对电影语篇语义的研究，其主要理论基础是系统功能语言学的语篇语义理论和衔接理论；第二个发展方向是以 Baldry 和 Thibault（2006）、O'Halloran（2013）等为代表的转写分析模式，主要理论基础是 Cress 和 Vanluween 的视觉语法；第三个发展方向是以冯德正(2014)为代表的功能认知模式的电影语篇分析，该模式融合了社会符号学视角和认知视角，以评价理论为基础，重点阐释电影中态度意义的多模态构建模式。除了系统功能模式的动态多模态语篇分析外，Norris 构建的多模态互动分析模式也可以看做是对动态多模态语篇的分析模式，因为其分析的媒介是视频录像。该模式强调语境概念和情景化的互动(李华兵，2013)，着重研究在日常情境中社会互动活动对活动者身份构建的作用(Norris，2011)。另外，顾曰国(2006，2010)也构建了专门针对动态多模态语篇的分析模式，此种分析模式认为对(动态)多模态语篇的分析等同于对社会情境的分析，所以我们称这种分析模式为社会情境模式，该模式分析的对象是以视频录像为载体的现场即席话语，出发点是构建多重标注的现场即席话语的多模态语料库。

上述动态多模态语篇分析模式中，除了系统功能模式的分析具有批评话语分析倾向外，其他分析模式的出发点都不是批评话语分析。本研究从批评话语分析角度出发，以社会符号学动态多模态语篇分析模式为基础，结合了多模态互动分析模式和社会情境模式，构建了适用于动态多模态语篇的批评话语分析模式，并且分别对电影和电视广告两种不同体裁的动态多模态语篇进行实例分析，验证了本研究所构建的分析模式的适用性和阐释力。

11.3　理论构建

由于摄像机拥有的类似于人的眼睛的机械复制功能，以及录音设备具有的类似于人的耳朵获取声音的复制功能，这使得所有感知形式为视觉和听觉的模态都可以存在于动态多模态语篇中。这也使动态多模态语篇的语篇语义内容非常丰富，甚至一个镜头的画面内容都无法用语言充分描述。

11.3.1　动态多模态语篇语义层的分化

Wildfeuer(2014)指出电影的意义分为两个层次：表层结构(surface structure)和文本基础(textbase)。表层结构可以描述为话语所指(discourse referents)，是关于影片内容的视觉和听觉信息的总体描述，包括人物服装、道具等细节；而文本基础不是由明确的文本内容构成的，在电影文本中这些内容不是现成的存在的，而是从表层结构推断而来的明确表达的事件，它是简化的语义表达形式，但不具有表层结构的细节。

Wildfeuer 所说的表层结构是动态多模态语篇的内在语境的意义总和，而文本基础则相当于从动态语篇的内在语境中推断得出的语篇的命题意义（propositional meaning），命题意义是从文本意义总和中抽象出来的中心意义。因为动态视频镜头中的信息和含义是无法用语言充分重述的，但是我们可以重述关于动态视频镜头的中心意义，这就是命题意义。内在语境（表层结构）和命题意义（文本基础）都属于动态多模态语篇的语篇语义层。所以，动态多模态语篇的语义层进一步分化为两个层次：内在语境和命题意义。

动态多模态语篇语义层分化的根本原因是符号本身的复杂化。儿童的原始语言（proto-language）是仅有两个层面的符号系统，内容层和表达层；但两者都没有内部分层，内容层直接映射到表达层（声音或手势）。当儿童的简单原始语言发展为母语时，内容层和表达层都分别分化为两个层次，内容层分化为语义层和词汇语法层，表达层分化为音位层和语音层（Halliday 和 Matthiessen，2014）。符号本身的复杂化是促进分层的关键因素，符号分层的前提是符号本身应该发展到足够复杂可以进行分层的程度。动态多模态语篇由包括语言在内的多种模态所组成，复杂程度远超过单纯的语言语篇和静态图文语篇，这是动态多模态语篇的语义层进一步分化的物质基础。

动态多模态语篇的生产过程比语言文本更为复杂，涉及更多的过程。下面我们从语篇生产过程角度进一步阐释动态多模态语篇的语义层进一步分化的原因。以电影为例，电影的产出包括剧本写作、导演、表演、录制、剪辑和制作等过程。例如，如果我们想通过电影文本来表达"约翰早上 8 点上班"这个命题意义，导演、编剧就需要设计一个整体的社会情境：活动者（约翰这个人物形象），人物活动（走路或开车上班），空间（人物活动的环境，例如房子），时间（通过环境或语言等表明）等。而后在此基础上进行场景布置、演员表演、影片录制和制作等。虽然最后影片中呈现的这个社会情境的意义远不止"约翰早上 8 点上班"这一命题，但这一命题是电影制作者希望观众从电影的内在语境中推断出的命题意义。所以，我们认为动态多模态语篇的语义层进一步分化为内在语境层和命题意义层，命题意义是从内在语境中推断而来的，内在语境是由命题意义实现的。

11.3.2　动态多模态语篇内在语境的组成结构

与文字语篇不同，内在语境在动态多模态语篇中尤为凸显，这是动态多模态语篇区别于静态多模态语篇的重要方面。动态多模态语篇中的一个场景，以及在场景中的人物、活动、事件等共同构成语篇中的一个社会情境。动态多模态语篇的内在语境可以由一个或多个社会情境组成。

社会情境（social situation）这一术语起源于社会心理学的研究，其研究的目的是分析社会活动者如何理解社会情境以及社会情境如何对活动者性格产生影响的（Argyle，

1981)。沿用心理学研究的社会情境这一术语，顾曰国（2006）认为"对（动态）多模态语篇内容的分析等同于对社会情境的分析"。我们认为社会情境是动态多模态语篇内在语境层的基本单位，这一点与顾曰国所构建的社会情境模式的动态多模态语篇分析模式的观点是一致的。

社会符号学的主要研究者之一 van Leeuwen（2008）所构建的批评话语分析框架中的"社会实践"是与社会情境相当的一个术语。社会实践的构成要素包括参与者、活动、活动方式、参与者的资格条件、呈现方式、时间、地点、资源和工具等。基于 van Leeuwen 对社会实践的研究，从社会符号学角度出发，我们提出社会情境包括以下主要成分：活动者、活动、工具、参与者、角色、身份、时间、空间和架构。社会情境的成分与语篇的三个元功能相对应，所有社会情境的组成成分共同定义一个社会情境。活动者、活动、工具属于概念功能方面的成分，角色和身份是人际功能方面的成分，时间、空间和架构是语篇功能方面的成分。

在概念功能方面，社会情境的核心内容是参与社会活动的活动者和具体情境中发生的社会活动。因此，我们根据情境中发生的主要社会活动来命名一个社会情境。另外工具也属于概念功能方面的情境成分，工具是使活动得以进行的外部条件。人际功能方面：角色是活动者在社会情境中的活动任务分工；身份是活动者参与社会活动的资格条件，是活动者在特定社会情境中担任特定角色必须具备的条件。语篇功能方面：时间、空间是决定动态多模态语篇中社会情境的连续性的成分。时间和空间改变时，通常动态多模态语篇呈现的内容会从一个社会情境过渡到另外一个社会情境。架构是决定社会情境连续性的另一重要因素，是社会活动所要遵循的程序和规则（王正，2013）。例如，在餐厅就餐这一社会情境的架构通常可以描述为：去餐厅——服务员的引导——就座——点菜——吃饭——结账离开。

11.3.3　动态多模态语篇中社会情境的语境重构

动态多模态语篇呈现社会情境的过程是一个语境重构的过程，是对社会情境的成分进行替换、删除、重组、添加和转换的过程。动态多模态语篇的制作过程是多层次的，包括编剧、导演、表演、录制和剪辑等一系列的过程。在这一系列的过程中都会发生对社会情境的语境重构。

首先，在录制过程中，摄影师对拍摄的内容、角度、焦距等的选择是第一层次的语境重构。其次，对影片的编辑的过程也会发生语境重构。动态多模态语篇通常包含多个镜头，需要将拍摄的内容进行剪辑、制作等，这是第二层次的语境重构。第三，整部动态多模态语篇可以被视为一个总体的社会情境，它是由多个具体的社会情境组成。每一个社会情境都有其具体的目的，但所有这些社会情境又重组成一个连贯的动态多模态语篇文本。多个具体的社会情境要按照整个动态多模态语篇的目的重新组合，这是第三层次的语境重构。

社会情境的语境重构过程的实质是对社会情境成分在动态多模态语篇中的呈现模式的重新选择。动态多模态语篇的制作者通常从自身的利益出发，对社会情境成分的呈现模式做出选择，实现自己的目的。

通过分析动态多模态语篇内在语境中的社会情境成分的呈现模式，可以揭示语篇背后的意识形态动机和语篇的深层意义，这是本章所构建的动态多模态语篇批评话语分析模式的理论出发点。

11.3.4　活动者在动态多模态语篇中的呈现模式

动态多模态语篇中社会情境的语境重构体现为各个语境成分的呈现模式的变化。由于社会情境是由其结构成分实现的，对社会情境中的活动者、活动、工具、角色、身份、时间、空间和架构这些成分的呈现模式的选择，决定动态多模态语篇表达的具体意义和深层意义。下面我们从社会符号学角度出发，对社会情境成分的呈现模式的选择系统进行描述。由于篇幅所限，本章只对社会情境中的活动者的呈现模式进行社会符号学描述，并在第 4 部分中进行实例分析。活动者在动态多模态语篇中呈现模式的分析系统框架如下：

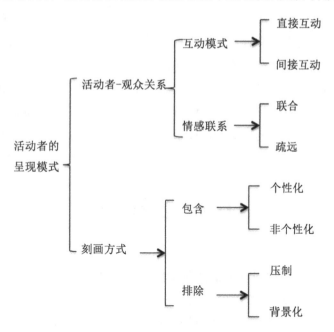

图 11-1　活动者的呈现模式系统

活动者在动态多模态语篇的社会情境中的呈现模式包括活动者－观众关系和刻画方式两个方面。活动者－观众关系包括互动模式和情感联系两个方面。互动模式分为直接互动和间接互动两种模式。直接互动体现为动态多模态语篇中的活动者与观众直接对话。活动者与观众直接对话分为两种方式，一种是语篇中的活动者直接与观众面对面讲话，另一种方式是通过背景声音与观众对话。当背景声音是活动者的声音，并且屏幕上展示的是活动者的形象，背景声音的默认接受者是观众，这种情况下活动者与观众之间的互动模式也是直接互动。间接互动指活动者与观众没有交流，观众是以第三者的角度审视动态多模态语篇中的活动者。

活动者与观众的情感联系分为联合和疏远两种，主要通过镜头的取景角度实现的。联合是通过镜头取景的一致视角和主观镜头实现的。一致视角体现为观众与活动者一起观看，活动者的上半身的后部在镜头的前景中表现出来。主观镜头是完全通过动态多模态语篇中活动者的眼睛看世界，主观镜头是由摄影机代表活动者的双眼，屏幕呈现的内容是活动者所看到的景象。疏远关系是通过客观镜头实现的，没有一致视角和主观镜头，观众作为旁观者在审视语篇中的活动者。

动态多模态语篇中社会情境的活动者可以通过不同的刻画方式呈现。活动者的刻画方式分为包含和排除两种。包含是指社会情境中的活动者呈现在语篇中，排除是指社会情境中客观存在的活动者没有被有效的呈现在动态多模态语篇中。包含和排除体现的是语篇作者对社会情境中活动者话语权的操控，包含在语篇中的活动者被赋予了话语权，被排除的活动者本质上是被剥夺了话语权。

排除分为压制和背景化两种方式。压制是指社会情境中原本存在的活动者在动态多模态语篇中被完全删除，没有呈现。背景化是指社会情境中的活动者在语篇中被置于背景的位置，一般是通过只呈现活动者身体地非主要部分来实现的，或者是只呈现活动者的声音或背影等，没有完整呈现活动者的正面脸部和上半身部分。

语篇中包含的活动者的呈现方式分为个性化和非个性化两种。个性化的呈现方式是指给予活动者清晰的面部特征展示，赋予语篇中的活动者明确的身份特征。非个性化的展现方式是没有给予活动者清晰的面部特征展示，同时也指没有赋予其明确的身份特征。

11.4　实例分析

下面我们以前面所构建的理论框架分析两个不同体裁的动态多模态语篇实例：电影《教父》的片段和一则路虎汽车的广告。在分析过程中我们主要关注语篇中活动者呈现模式选择与语篇隐含的深层意义和语篇背后的意识形态操控之间的关系。

11.4.1　电影《教父》片段的分析

本章所分析的片段是电影《教父》开头部分的第一个场景，也是影片呈现的第一个社会情境，由13个镜头组成，镜头1又分为3部分。影片的转录见表11-1。这个片段的命题意义可以概括为：黑帮教父维托正坐在他的办公室里接待访客包纳萨拉，他向维托讲述自己女儿的遭遇，他女儿被两个年轻人重伤，但是法律只判了两个恶棍缓刑，包纳萨拉请求维托帮他讨回公道；起初他要求支付维托费用，让维托杀死两个毁了他女儿的罪犯，但维托拒绝了，认为包纳萨拉不尊重自己；之后包纳萨拉向维托表达了友谊，称他为教父，并亲吻了他的手，维托对包纳萨拉的行为感到满意，答应为包纳萨拉的女儿报仇；包纳萨拉离开后，维托让汤姆·哈根命令克莱门扎去完成这个任务。

表 11-1　《教父》开头片段转写(镜头 1—6)

1.1	1.2
美国使我发了财 America has made my fortune...	两个月前他与另一个男孩 Two months ago, he took her for a drive.
1.3	**2**
3	**4**
你要什么 我都会给你 I'll give you anything you ask	我们相识多年 We've known each other many years, but this is the first time
5	**6**
那么让她们像她一样受折磨 They must suffer then as she suffers.	

　　活动者—观众的关系方面，影片一开始呈现的是包纳萨拉脸部的特写镜头(镜头 1.1)，包纳萨拉直视观众的眼睛，讲述他女儿被两名罪犯重伤的悲惨故事，这时相当于包纳萨拉直接在对观众讲话，包纳萨拉与观众的关系是直接互动。而后镜头后拉(镜头 1.2)，从特写到中景，到小全景，到大全景，取景范围扩大，逐渐包括维托家庭办公室的内景，最后把维托的背部包括在内(镜头 1.3)。在镜头后拉的过程中，活动者—观众的关系发生了变化。当镜头后拉到包括维托的背影时，这时观众才意识到包纳萨拉是在对维托讲话。因此，在这一刻，包纳萨拉与观众的关系变为间接互动。

　　在情感联系方面，当镜头 1.3 的取景包括维托的后面上半身部分以及远景中在讲话的包纳萨拉时，观众与维托处于一致视角，在与维托一起看和听，此时活动者维托和观众之间的情感联系是联合的。而影片片段中没有将观众与包纳萨拉置于一致视角的镜头，所以观众与包纳萨拉的情感联系是疏远的。这种观众与维托的联合关系和与包纳萨拉的疏远关系在镜头 4—6 中得到了进一步强化。

镜头 4、5、6 呈现的内容是维托和包纳萨拉之间的对话。镜头 5 的内容是维托在倾听包纳萨拉的追问，维托的头部和上半身在镜头的前景中，观众与维托处于一致视角，两者再次表现为联合关系。镜头 4 和 6 的内容是包纳萨拉在倾听维托的谈话，所以包纳萨拉的头部和上半身理应包含在镜头的前景中，但镜头中只有包纳萨拉腰部以下的一小部分在前景中，并且与周边黑暗的环境融为了一体。因此，观众与包纳萨拉不是处于一致视角，两者之间是疏远关系。在本应包括包纳萨拉的镜头中刻意通过取景将其排除在外，强化了包纳萨拉和观众之间的疏远关系。

从以上分析可以看出，影片一开始通过对情感联系的操控，使观众一直处于与黑帮头目维托一致的视角，刻意地促成了观众与黑帮头目维托的联合关系。因而，影片对黑帮头目的态度是联合和友好的，而非批判的态度。

另外，影片还通过对活动者－观众关系互动模式的操纵，实现了对"美国梦"以及美国政府和司法的批判。影片开始，镜头 1 中包纳萨拉一开始以面部的正面的特写镜头呈现，完全删除了活动者的空间背景——这一能够暗示活动者身份的社会情境成分，这让包纳萨拉成为一个没有明确身份的人。但在镜头 1 中，原本是包纳萨拉在向维托讲述，但镜头开始部分(镜头 1.1 和 1.2)没有维托，只有包纳萨拉在直接向观众讲话，活动者包纳萨拉与观众的关系是直接互动。于是这个开片出现的身份不明的人暂时成了影片本身的代言人，在直接向观众讲述。包纳萨拉的第一句话是"我相信美国，是美国让我发了财"，然而接下来影片展示的是他讲述女儿被恶棍重伤的悲惨遭遇，而美国政府和司法却只给恶棍判了缓刑，让他们逍遥法外。他无奈向黑帮头目维托求助讨回公道。维托最终同意了他的要求，让手下安排惩罚了恶棍。包纳萨拉成功地从黑帮教父而不是美国政府那里得到了他所寻求的正义。

活动者刻画方式方面，所选片段的情境中的活动者的刻画方式都是个性化的，因为整个社会情境中的人物都是用视觉真实的镜头展示的，并且同时都有清晰的面部特征展示和明确的身份特征，每个人的名字都在对话中被提及。活动者个性化的刻画方式增加了影片中社会情境的真实性程度，让观众感觉影片中呈现的情境是曾经真实发生的事情。

11.4.2 汽车广告的分析

本章所选的路虎汽车的广告持续约 28 秒，只有一个镜头组成，可以分成 4 部分(见表 11-2)。这个片段的命题意义可以概括为：屏幕上两只甲虫在打斗，并配有夸张的打斗声音(镜头 1.1，持续约 18 秒)；之后镜头后拉，把车内的屏幕边框和仪表板包括在内；这时候观众意识到两只甲壳虫的打斗场景是车内的屏幕上影片的内容；接着屏幕上出现了英文句子"Enjoy more film like this，with Land Rover's 360° Surround Camera System"(享受更多这样的电影，使用路虎的 360 度环绕影像系统）（镜头 1.2）；而后，一只手指按下仪表板上的 Home Menu 按钮（镜头 1.3），屏幕上文字消失，汽车的图像和路虎的标志出现在屏幕上（镜头 1.4），这时候观众意识到刚才在屏幕上看到的内容是车内的人的眼睛所看到的，观众自己是在通过车内人的眼睛看屏幕上两只甲虫打斗的影片。

表 11-2　路虎汽车广告转写

1.1	1.2
1.3	1.4

活动者—观众的关系方面，广告短片中没有活动者与观众的直接交流，因此，社会情境中活动者与观众的互动模式是间接互动。广告短片通过镜头后拉运动的方式来模拟主观视角，让观众通过影片中活动者（车内的人）的眼睛看到汽车影像系统屏幕上的甲虫打斗。影片通过主观视角镜头，促成了活动者—观众的联合关系。联合关系使观众更容易接受广告语篇中的内容，可以增强广告的吸引力和说服力。

活动者的刻画方式方面，这则广告的一个重要特征是排除了语篇中真正的活动者。首先是通过背景化的方式排除了车内的人。广告中呈现的社会情境的主要活动者是车内的人，但在整个广告中只呈现了车内人的一根手指，就是在镜头 1.4 中，一根手指出现在屏幕的左下角，按下了中控板上的按钮。

这则广告语篇中另一个被排除的活动者是广告商。在镜头 1.2 和 1.3 中，屏幕上出现了"享受更多这样的电影，使用路虎 360 度环绕摄像系统"这句话。由于整个语篇呈现的社会情境中没有任何其他的语言内容，这一句在屏幕上出现的文字成了影片中非常突出的组成部分。这句话虽然出现在车载屏幕上，但观众从常理判断，这句文字内容是通过后期制作添加的宣传路虎汽车的广告词，代表广告商的声音。而对于广告商这一活动者，观众只看到了他"说的话"，而没有见到人，因此，广告商是这一社会情境中原本存在的活动者，但在影片中通过压制的方式被排除了。

从以上分析可以看出，这则广告通过背景化的方式对活动者 1（车内的人）的排除，把观众置身于车内人的位置，建立了车内的人与观众情感上的联合关系，而车内的人正是广告宣传的产品——路虎汽车的使用者，这使得观众从情感上更容易接受产品。另外，广告通过压制的方式，对活动者 2(广告商)的排除，隐匿了其进行产品促销的真实目的，避免了商业广告中的直接宣传和说教，使广告内容更容易被观众接受。所以，这则广告的制作者通过对广告影片中活动者的呈现模式选择，隐匿地操控了观众对广告内容的接受程度，实现了广告商业宣传的目的。

11.5　结　语

　　动态多模态语篇的批评话语分析需要有严谨的理论支持才能使分析结果更加客观。本章针对动态多模态语篇的特点，初步构建了适用的多模态批评话语分析模式，通过将该模式应用于不同体裁的动态多模态语篇进行实例分析，验证了本研究所构建的分析模式的普遍适用性和阐释力。通过分析动态多模态语篇中社会情境成分的呈现模式特征，可以深入揭示语篇的深层意义和语篇背后的意识形态操控。限于篇幅，本章只构建和应用了社会情境成分中活动者的呈现模式系统，在以后的研究中还需要进一步构建和阐释其他社会情境成分的呈现模式系统，使本章所构建的动态多模态批评话语分析理论体系更加完善，并系统地应用于更多体裁的动态多模态语篇分析。

第 12 章　动态视频多模态语篇语料库的建设及应用

12.1　引　言

多模态视频语篇是指由语言、图像、声音等多种符号资源共同组成的动态语篇。随着移动通信技术的迅速发展，以及智能手机等便携移动通信设备的进一步普及，使多模态视频语篇的传输变得更为简单、快捷，尤其是近年来"抖音""快手""B 站"等以视频交流为基础的手机应用的出现并快速发展，正逐渐改变我们交流和传递信息的模式，多模态视频语篇已经成为不可替代的重要交流手段。因此，对多模态视频语篇的深入研究也变得日益重要。以系统功能语言学理论为基础的《阅读图像：视觉设计的语法》一书（Kress 和 van Leeuwen，1996）为多模态语篇分析提供了有力的理论工具，奠定了多模态语篇分析的基础，继而在过去 20 年产生了大量从社会符号学角度出发的多模态相关研究，从而确立了多模态研究的学科地位。国内外的针对动态多模态视频语篇的研究目前大致从六个不同视角进行：社会符号学分析（Bateman 和 Schmidt，2012）、系统功能语法分析（Baldry 和 Thihault，2006；O'Halloran，2005）、多模态互动分析（Norris，2004，2011）、以语料库为基础的现场即席话语分析（Gu，2006，2009）和解析电影语篇分析（Wildfeuer，2014；Wildfeuer 和 Bateman，2017）。前三种多模态的研究视角从本质上讲都属于社会功能角度的分析。社会符号学分析和系统功能语法分析的理论基础是 Halliday 的系统功能语言学；多模态互动分析的理论基础主要是 Scollon（1998，2001，2004）关于中介话语以及地点语言学的研究；以语料库为基础的现场即席话语分析的理论基础是 Argyle 等（1981）提出的社会情境分析和 Scollon 的中介话语分析；解析模式分析的理论基础是语篇分解呈现理论。

本章还构建了动态多模态视频语篇的语类量化分析模式，并且以建立的多模态语料库中的电视广告语类子语料库为基础进行了实例分析。通过实例分析，确立了线性阶段式的动态视频多模态语类的语类框架结构，改进了系统功能语言学的动态视频语类分析模式，拓展了多模态语类分析的应用范围。

12.2　动态视频多模态语料库的研究现状

多模态语料库是现代语料库语言学和多模态研究相结合的新生产物。语料库语言学是从 20 世纪 70 年代开始的，以 BROWN 语料库为代表的语料库是这个时期国外的第一代语料库。80 年代后，随着计算机技术的发展，语料库开始在世界范围内开始快速发展。由 Harper Collins 出版社与英国伯明翰大学合作开发的 COBUILD 语料库是第二代语料库的典型代表。自 80 年代语料库语言学学科被引入我国以来，语料库已成为国内语言学研究的一种重要手段，在教学、翻译、词汇、语义、词典 和语法等方面都有广泛的应用研究。

多模态语料库是语料库发展后期出现的新的语料库形式，只有十几年的历史。多模态语料库中的语篇可以包括音频语篇、视频语篇、静态图文语篇等由多种模态组成的语篇，对于语料库中的语篇通过多模态方式进行标注，并且可以对标注结果进行检索和统计，进行相关的研究。在国外已经建成了一些多模态语料库，并在语料库建设和应用方面形成了一些成果。但已建成的语料库的标注模式各不相同，缺乏统一的理论指导和规范的标注模式，使得语料库的应用范围非常局限，尤其是利用多模态语料库对视频语篇语类特征进行研究的应用实例还很少。国内多模态语料库的研究刚刚起步，比较重要研究是顾曰国主持建立的自"现代汉语现场即席话语多模态语料库"，该语料库包括社会活动、成人儿童对话、课堂、会议等多个子语料库，以该语料库为基础的研究已经产生了一些有影响力的研究成果(Gu 2006，2009)。但该语料库收集的语料主要是真实的现场即席话语的录音和录像，对于媒体中经过后期制作加工的视频类语篇没有收录。

12.3　动态视频多模态语料库的理论基础

12.3.1　多模态语料库理论

多模态语料库是指包括声音、图像和语言等多种模态的语料库。语料库中的语篇包括音频、视频、图片和文字等多种模态的符号，对于语料库中的语篇可以进行不同层次和不同模式的标注，并且可以对标注结果进行检索和统计，进行相关的研究。建立多模态语料库的目的是把语言以外的表达意义的模态纳入语料库中，实现量化分析。语料库语言学已经有比较长的历史了，起源于 20 世纪 70 年代，在 20 世纪 80 年代后，随着计算机技术的发展而快速发展。从 20 世纪 80 年代语料库语言学学科被引入我国以来，以文字为主的语料库已成为国内语言学研究的一种重要方法和手段。

Bateman(2008)的研究为动态视频多模态语篇语料库的研究奠定了理论基础。Bateman 提出了一个多层次的多模态语类分析框架。他认为语类是由社会实践通过具体的语言表达方式实现的，语类包含非语言的语类步骤，并且受到载体、生产过程和消费过程的约束。也就是说某一语类只受到最外围有关语言形式方面的约束，Bateman 的多模态语类观认为语类除了受到语言、布局、同类产品的设计等方面的约束外，还受到内层载体和生产与消费过程的约束。

Bateman(2008)的多模态语类观，为多模态语料库的建设提供了理论支持，使得多语料库的建设和标注在理论层面找到了方法和根据。另一方面，顾曰国(2006，2009)关于现场即席话语语料库的相关理论为动态多模态语料库的标注结果的检索提供了理论指导。顾曰国提出通过超链接的形式，可以将现场即席话语的动态多模态语料库的标注文件形成检索系统，为动态视频语篇语料库的标注结果的检索提供了有效的解决方案，这样就可以建设能够对标注结果检索的、专门用于某个研究目的的小型多模态语料库。同时 ELAN 软件的开发，为动态多模态语篇语料库的建设提供了技术层面的支持。ELAN 是专门针对视频语篇标注和统计的软件，已经被广泛应用于语料库建设研究领域。ELAN 可以对视频和音频文件进行多层级的同步标注，标注的范围包括话语内容的转写、语音、语调、动作、表情、体态、手势等。ELAN 可以实现标注与图像、声音、文本精确同步进行，即点即播。研究者可以按研究目的设计标注规则，根据研究需要设定标注的层级和顺序，对标注的结果可以进行跨文件和跨库搜索、统计，便于进行标注之间的对比研究。ELAN 工具对新媒体动态语篇多模态语料库的建设提供了技术支持。

12.3.2　社会情境模式的动态视频语篇分析理论

多模态话语指运用多种模态的符号资源进行的交际活动现象。交际中运用的感知模式包括听觉、视觉、触觉等多种感觉，交际过程中使用的模态包括语言、图像、声音、动作等多种符号资源。近年来，尤其是电脑、智能手机和无线网络等现代科技的快速发展，使得动态视频语篇或电影语篇的生产和传播变得更为高效和迅捷并成为不可替代的交流手段。多模态语篇分析研究也从传统的静态多模态语篇扩展到了动态多模态语篇。

动态视频语篇与传统语言语篇和静态图文多模态语篇有着巨大的差异，本章在充分研究视频语篇的特殊性和对目前的语言学和多模态理论进行发展的基础上，建立了一种新的动态多模态视频语篇的分析模式——社会情境模式的多模态视频语篇分析模式。该模式主要集中在对以社会情境为基本组成单位的动态视频语篇的语篇内语境层面的分析上。

对动态视频语篇进行分析的基本单位是社会情境，也就是视频语篇的语篇内语境。社会情境的主要成分包括活动、工具、参与者(或者是活动者)、角色、身份、时间、空间和架构。社会情境在动态视频语篇中呈现时只能是线性的按时间顺序展开，所以社会情境在动态视频语篇中的呈现结构也是线性的、分阶段的。社会情境在语篇中由不同的段落组成。这些段落包括导入（orientor）、建立（establisher）、起始（initial）、顶峰（peak）、释放（release）和后记（epilogue）等六类段落，每一类段落的功能和内容是各不相同的。导入段落的功能是引入社会情境，表明情境的地点、时间以及氛围等。建立阶段的主要功能是引入社会情境中的次要活动，起始阶段的主要是内容是主要社会活动的开始或准备部分，顶峰的主要内容是主要活动的高潮部分，释放阶段的主要内容是主要社会活动的结果，后记的内容是主要的活动产生的结果的持续影响，后记的时间与地点通常和社会情境中的主要活动的时间与地点是不同的。其中建立、起始、顶峰和释放为主要段落。主要段落被删减时，对观众会产生一种缺失感。导入和后记是次要段落，因为导入和后记的缺失不会对语篇的观众产生缺失感，所以导入和后记属于次要段落。通常情况下顶峰段落属于必选段落，因为没有主要活动就无法定义一个社会情境，而其他段落属于可选段落。社会情境可以进一步分为总情境、情境复合体、次情境等。总情境是指整个电影语篇所塑造的整体语篇内语境，情境复合体是指一个社会情境中包含多个情境，一个情境复合体中处于从属地位的情境就是次情境。

社会情境的转变本质是一个语境重构的过程。一个视频语篇可以看做是一个总情境，因为语篇有一个综合的主要目的，虽然一个语篇可以由多个不同的社会情境组成，但是所有语篇中呈现的社会情境最终都是为了实现多模态视频语篇的综合目的。语境重构的过程是指视频语篇中所呈现的社会情境根据语篇的总目的而发生转变的过程。社会情境是情景语境投射到语篇中的结果，社会情境可以看做是一个语篇语义的构型，不同的社会情境投射到词汇语法层面体现为不同的模态构型。视频语篇对社会情境的呈现过程实质是对社会情境的语境重构的过程，在语境重构的过程中通常会发生结构和成分的转变，这些转变的基本类型包括替代、重组、删减和增加。社会情境的主要成分在视频语篇中的呈现模式可以用社会符号学的系统理论进行描述，通过对社会情境的结构以及主要成分的呈现模式进行分析，可以有效地揭示电影语篇背后的意识形态动机，以及语篇作者对观众的隐形操控。

社会情境模式的视频语篇分析模式，为动态多模态视频语篇的批评话语分析模式以及社会符号学电影批评理论的构建提供了理论基础，同时也为视频语篇的标注系统的制定提供了指导方向，本章制定的语料库的标注系统主要针对的是视频语篇中社会情境的组成成分。

12.3.3 动态视频多模态语篇的语法系统理论

动态视频多模态语篇同样具有语篇语义层、语法层和表达层。动态视频语篇的语法层是语言与非语言资源，动态视频的表达层是包含声音的视频。在这个框架中，动态视频多模态语篇其语法层是由语言与非语言资源组成，也就是说动态视频语篇的语法层的组合结构是多种模态相加，其基本单位是每一种模态，而其聚合结构，也就是语法系统，是由不同的模态配置模式实现的。在多模态互动分析中，模态配置（modal configuration）表示各种模态在高层活动中的层级体系或重要程度(张德禄和王正，2016)模态配置是动态视频多模态语篇的语法系统的体现形式。"模态配置"这一术语表示动态视频语篇中多种模态之间的相互协作模式，模态配置是动态视频语篇语法系统的本质。模态配置包括模态选择、模态组合模式和模态关系三个方面。

动态视频语篇语法系统的体现形式是语言和其他非语言模态的配置模式，而不是具体某一种模态的语法系统。虽然动态视频语篇的每一种模态都有其各自的语法系统，例如图像、颜色、音乐、手势、注视、布局等，都有自己的语法系统，但这并不是分析动态视频语篇的研究重点。张德禄(2009)认为构建多模态话语语法时需要考虑两方面：每个符号系统的语法如何确定；各个符号系统的语法如何相互协作来共同实现三个元功能，也就是各个符号系统如何相互协作。由于动态视频语篇是整合了所有视听模态的一种符号资源，所以，"各种模态如何互相协作共同实现意义"是研究动态视频语篇语法系统所要关注的主要内容。

"模态选择""模态组合模式"和"模态关系"共同构成动态视频语篇的语法系统，分别对应于电影语篇的概念功能、人际功能和语篇功能。

(1)模态选择

在动态视频语篇的语法层面，"模态选择"属于实现概念功能的语法系统，相当于语言语篇的语法系统中的及物性系统。动态视频语篇中同一个概念意义可以由不同的模态实现(张德禄，2009)，正如使用语言时可以选择不同的过程类型表达同一个概念意义。语言语篇在语法层面的概念功能主要是通过不同类型的过程实现的，例如物质、心理、关系等过程。而对于动态视频语篇重要的不是某一个过程的类型，而是某一个概念意义是以哪一种模态实现的。动态视频语篇模态选择系统的本质是对概念命题意义表达模式的选择；模态选择是电影语篇语法层面的概念意义系统。模态选择发生在主体模态和内嵌模态等不同的层面上。

(2)模态组合模式

模态组合模式是实现动态视频语篇人际功能的语法系统。因为不同的模态组合模式其实现的功能相当于语言语篇中不同的"语气"和"情态"实现的功能。语言语篇的情态(modaliy)主要表达肯定和否定之间的意义范围，是由情态动词和情态副词等实现。而在图像语篇中，情态决定的是图像语篇的真实度，也就是真实度是图像语篇的情态表现形式(Kress 和 van Leewuen，2006)。

在动态视频语篇中，真实度是由不同的模态组合实现的。不同的模态组合模式决定动态视频语篇的真实性程度。没有添加与"制作过程"相关的模态(背景音乐、蒙太奇、屏幕书写等)的动态视频语篇的真实度最高，相当于对真实世界的"机械复制"。监控录像就属于这一类电影语篇。随着字幕书写、蒙太奇、背景声音等与"制作过程"相关的模态的逐步添加，动态视频语篇的真实程度随之降低。随着制作过程的复杂化，添加的与"制作过程"

相关的模态越来越多,动态视频语篇的真实度也越来越低。电脑制作的动画片中,所有模态都是在制作过程中添加的,所以真实度最低。模态组合模式决定动态视频语篇的真实度和读者与语篇中的人物关系,是决定动态视频语篇实现人际功能的语法系统。

(3)模态关系

模态关系属于实现动态视频语篇功能的语法系统。在语篇语义层面,意义的构建依赖于多模态语篇的多种符号资源的协同作用,体现在语法层面,各种模态之间的关系是电影语篇组篇机制方面最重要的内容。也就是说,模态关系在语法层面是实现电影语篇的语篇功能的主要机制。

每一种模态都是实现语篇的整体意义的资源,但模态之间的关系需要符合一定的规则才能形成一个可以被识读的动态视频语篇。例如,口语模态如果与屏幕上出现的视觉形式的书写模态同步时,两者表达的内容通常需要一致或具有相关性,否则将导致动态视频语篇失去可识读性,或者说这些模态无法组成一个连贯的电影语篇。如果一段录像的画外音的配音(语言模态)与录像的内容(视觉模态)完全不相关,那么观众就无法看懂,这段动态视频语篇就不是一个连贯的语篇。所以模态之间的关系是实现电影语篇功能的语法系统。动态视频语篇的模态关系与语言语篇的主位结构和信息结构系统的功能相似。

动态视频语篇的语法理论,为我们语料库的建设提供了理论支持。动态视频语篇在模态配置、模态组合模式和模态关系三方面的特征是我们分析动态视频语篇所主要关注的方面。在语料库的标注方面,我们依据动态视频语篇的语法理论,把语篇分层次进行特征标注,为语料库的规范标注和检索应用提供了有力的理论和实践方面的指导。

12.4 动态视频语篇多模态语料库建设和标注

本章的重要研究成果之一就是建立了动态视频语篇多模态语料库。我们所建立的语料库能够以语篇特征进行统一检索。语料库能够检索应用的前提就是要规范系统的对语料库内的语篇特征进行标注。对于语篇特征的标注不能凭主观进行,必须有系统的理论指导。我们以视觉语法理论和系统功能语言学的语类理论为基础,制定统一规范的标注方案,根据统一的标注方案对语料库内的语篇进行详尽的标注。为了使标注结果统一规范,我们采用小组标注的方法,发现意见分歧的地方通过集体商讨解决,并且对标注结果进行随时抽查、核对,确保标注结果的正确性。

12.4.1 动态视频语篇多模态语料库使用的工具

建立多模态视频语篇语料库,我们使用的软件是最新版本的 ELAN 5.5 软件。ELAN(EUDICO Linguistic Annotator)是荷兰马普心理语言学研究所研发的专门针对视频语篇标注和统计的免费软件，已经被较为广泛地应用于语料库的建设和研究领域。ELAN 可以对视频和音频文件进行多层级的同步标注，标注的范围包括话语内容的转写、语音、语调、动作、表情、体态、手势等。ELAN 可以实现标注与图像、声音、文本精确同步进行，即点即播。其视频播放能精确到 0.01 秒，并且能够循环播放，从而实现对视频和音频的精确定位，并进行分割和标注。研究者可以按研究目的设计标注规则，根据研究需要设定标注的层级和顺序，对标注的结果可以进行跨文件和跨库搜索、统计，便于进行标注之间的对比研究。ELAN 工具在应用语言学研究中具有广泛的应用前景，为本章所要建立的动态视频语篇多模态语料库的建设提供了技术支持。

12.4.2　动态视频多模态语篇语料库建设遵循的原则

我们在语料库建设过程中始终坚持以下两个基本原则：

①客观性原则：采集多模态语篇样本时严格遵循随机抽样的原则，避免根据主观意向选择具有典型特点的样本，从而保证语料库中样本的客观性和代表性。

②规范性的原则：对语料库的标注坚持规范性的原则，当制定好标注规则以后，对语料库中同一类语篇的标注要严格遵循标注规则，保证标注结果的正确和规范，从而保证语料库检索结果的正确性和客观性，为语料库进一步开放和广泛应用奠定可靠的基础。

为了保证语料库的权威性，提高其实用价值，在语料库建设过程中我们在采集语料库的样本过程中尽量扩大语料库的样本容量，同时采用按规则随机抽样的方法，保证语篇样本库覆盖全面，并且在研究过程中可以对样本数量进行持续补充。

12.4.3　动态视频多模态语篇语料库的建设过程及容量

首先通过网络下载动态多模态语篇样本，之后对所下载的视频语篇统一转换为 ELAN 软件可以识别的 MP4 格式，之后根据语类特点把收集到的多模态语篇进行初步整理、分类并重新命名，储存到计算机中。所建语料库包括以下四个子语料库：视频广告语篇语料库；视频新闻语篇语料库；电影语料库；短视频语料库。每一个子语料库的容量为 100 篇，整个语料库的总容量为 400 篇。

（1）视频广告语篇语料库

视频电视广告语料库的语篇样本收集主要渠道是互联网，从相关网站下载视频广告，然后对视频广告进行分类。由于视频广告作为一种多模态语篇，其语类特征与投放的媒体有密切的关系，所以在对视频广告进行初步分类时，我们是以广告投放的媒体为基本条件。

我们按照视频广告的媒体来源，把收集到的视频广告分为 5 类：电视广告，淘宝网站视频广告，京东网站视频广告，优酷、爱奇艺等视频播放平台视频广告，品牌门户网站视频广告。每一类视频广告语篇的数量为 20 篇，共 100 篇。通过下载工具将广告下载以后，把视频广告统一转换成 ELAN 可以读取的 MP4 格式的视频，按产品类别进行进一步分类存入计算机，最后导入到 ELAN 软件，为下一步标注做好准备。

（2）视频新闻语篇语料库

视频新闻语篇语料库的语篇全部来自于 CCTV 官网，分别是来自于 CCTV−1 的新闻联播、朝闻天下、晚间新闻和 CCTV−4 的中国新闻节目。视频新闻语篇主要包括 5 个类别的新闻：政治、经济、科技、社会、军事。每个类别的新闻各 20 篇，共 100 篇。新闻语篇从网络下载后经过裁剪、格式转换之后，进行归类，然后统一命名并储存到计算机中。

（3）电影语料库

电影语篇语料库的容量是 100 篇。电影通过购买以及网络下载等渠道收集。选取的电影通常是豆瓣评分 8 分以上的电影。我们共选取了 5 种类型的电影：动作电影、喜剧电影、情感电影、科幻电影、战争电影。每一类电影 20 部，共 100 部电影。我们把电影视频统一转换成 ELAN 可以读取的 MP4 格式的视频，按类别进行分类命名并存入计算机。

（4）短视频语料库

短视频语料库中的语篇样本分别来自抖音和快手两个短视频平台。短视频种类繁多，本章只收集了其中 5 个类别的视频，分别是科技、知识、汽车、生活和美食。短视频收集采用的是关键词搜索的方法，为了使视频分类保持一致，便于对比分析，在两个短视频平台上分别搜索 5 个关键词：科技、知识、汽车、生活和美食。在抖音平台上，进一步在搜索结果中，以视频点赞量为筛选条件，选取点赞量排在前 10 位的短视频作为语篇样本，5 类视频共 50 篇；在快手平台上，以视频播放量为筛选条件，选取播放量排在前 10 位的视频作为样本，5 类视频共 50 篇。这样，短视频语料库的容量是 100 篇。

12.4.4 动态视频多模态语篇语料库的标注方法和过程

对语料库中的视频语篇进行全面、规范、系统的标注。建立能够检索应用的语料库的前提就是要规范系统的对语料库内的语篇特征进行标注。对于语篇特征的标注不能凭主观进行，必须有系统的理论指导。我们以多模态视频语篇的社会情境分析模式为理论基础，结合系统功能语言学的语类理论，制定统一规范的标注方案，根据统一的标注方案对语料库内的语篇进行详尽的标注。为了使标注结果统一规范，我们采用小组标注的方法，发现意见分歧的地方通过集体商讨解决，并且对标注结果进行随时抽查、核对，确保标注结果的正确性。对视频语篇模式类型成分特征标注主要依据的是视频语篇社会情境模式系统，对于社会活动类型的标注依据的主要是 Norris（2004，2011）建立的多模态互动分析系统。

对语料库中的语篇进行标注我们一直遵循规范、系统的原则。通过 ELAN 软件我们可以同时对多种模态进行分层标注，并且通过对需要详细分析的模态层建立子层进行进一步标注。ELAN 软件的优势之一是可以对标注层的内容自行定义，使用 ELAN 软件可以同时对多种模态的标注结果进行对比和统计。标注所依据的基本理论基础是视觉语法理论、电影语篇社会情境分析模式理论以及系统功能语言学的语类理论。

(1)视频广告语篇的标注方法和过程

本章关注的是电视广告在语类阶段方面的特征,以及电视广告在语类特征方面体现的差异。语类特征体现在语类阶段的长度、出现频率和每个阶段的时间长度占整个广告时长的比例等方面。首先,通过定性分析总结出电视广告的基本语类步骤,然后以 ELAN 软件为工具,对全部的电视广告语篇进行标注。

标注分为 8 个层次:声音语言转写、书写语言、镜头、语类阶段、社会情境类型、活动者、社会活动类型和互动模式。

通过我们对广告样本的定性研究结果,我们提出电视广告作为一种以产品推广为目的的宣传性多模态语类,其语类框架结构通常可以分成以下四个阶段:引题(orienter)、展示(display)、详述(enhancer)和尾声(epilogue)。每一个阶段对于实现产品推广这一最终功能又起到不同的作用。所以电视广告语类阶段的标注以四段模式为基本框架。

(2)视频新闻语篇语料库的标注方法和过程

每一个语篇的标注共分为 7 个层次:声音语言转写、书写语言、镜头、社会情境类型、活动者、社会活动类型和互动模式。语言声音来源标注包括两类特征:媒体背景声音、现场声音,现场声音又进一步分为记者声音和其他声音。活动者包括两类:媒体记者、现场活动者。活动类型标注包括两类特征:互动活动和单向活动。

(3)电影语料库的标注方法和过程

每一个语篇的标注共分为 5 个层次:语类阶段、语类段落、镜头、活动者、社会活动类型。通过定性研究我们总结出电影的语类结构框架包括以下语类阶段:引子(orientation)、发展(complication)、高潮(peak)、评价(evaluation)和结局(resolution)。同时不同的语类阶段又可以包括场景、描写、事件、影响、反映、问题、解决、评论、反思共 9 类不同的语类段落。社会活动类型分为两类:互动活动和单向活动。

(4)短视频语料库的标注方法和过程

短视频的标注分为 5 个层次:声音语言转写、书写语言、活动者、社会情境类型、社会活动类型。短视频语言声音来源主要包括主播声音、现场人员声音、插入表情包声音和其他声音。活动者的类型包括主播、现场互动者和其他活动者。社会情境类型包括直接互动和间接互动。

另外对于短视频的封面我们又建立了单独的语料库。使用 UAM Image Tool 软件对短视频的封面进行了分类标注。建立了一个小型的短视频封面语料库。

12.5　基于动态视频多模态语料库的语类量化实例分析

随着我国经济的快速发展，人们生活水平的普遍提高，汽车已经走进中国普通家庭成为一种日常的交通工具，电视汽车广告对于汽车的推广和汽车产业的发展有着重要的商业价值，本章通过建立较大规模的经过标注并可以统一检索的电视汽车广告的多模态语料库，对中英两种电视汽车广告在语类特征方面进行定性和定量研究，详细描述了电视汽车广告的语类特征，为汽车广告这一类动态多模态语篇的分析和设计提供科学的理论依据。

语类一直是语篇研究领域的一个热点，语言学家、社会语言学家、人类语言学家、修辞学家、哲学家以及语言教育学家都很重视语类的研究（张德禄，2002）。语类研究之所以受到重视，重要原因之一是其实际应用价值。当掌握了某一语类的结构特征后，对该语类语篇的实际产出有着重要的指导意义。在语言学语类研究中，系统功能语言学的语类研究最突出（张德禄，2010）。其中影响较大的有 Hasan（1988）提出的语类结构潜势理论，Ventola（1988）和 Fawcett（1988）等提出的动态性语类流程图理论，以及 Martin 和 Rose（2008）构建的基于语篇语义系统的语类分析模式。

近年来学者们已经开始关注语类的多模态现象，例如汪燕华统计了心理学书籍中的构成、分类、程序、复述四种语类中所包含的各种图类的分布情况，并且描述了每种语类中图文之间的相互关系以及对语类构成所起的作用，Bateman（2008）以印刷的图文多模态语篇为研究对象，提出了一个多层次的多模态语类分析框架。Hiippala（2012）以 Bateman 的多模态语篇语类的分析框架为基础，对比分析了文化差异对多模态语类特征的影响。Tomas（2009）也以 Bateman（2008）的语类分析框架为基础对比分析了英国和中国台湾地区的牙膏和洗发水的外包装语类的差异。王正和张德禄（2016）以多模态语料库为基础研究了期刊封面的语类特征。但目前系统功能学派的语类研究仍然主要局限于语言语篇和静态图文多模态语篇，对于动态多模态语篇的语类结构鲜有探讨。

动态多模态语篇的重要特征之一就是以时间为基础的线性展开顺序，所以其语类的框架结构也是按时间顺序线性展开的。电视广告对于商品的市场推广有着极其重要的价值，是新媒体商业语篇的重要形式，也是传媒和媒体心理学领域一直都非常重视的语类，对电视广告中的语类研究有重要的理论意义和实用价值。由于动态多模态语篇语法转录和分析都很复杂，所以在语言学界对电视广告的研究并不充分。本文尝试以汽车电视广告语类为例，以多模态语料库方法为基础，探索在系统功能语言学的理论框架之下，建立一种针对动态多模态视频语类的简便、有效的分析模式，推动动态视频语篇的多模态语料库的应用和发展。

12.5.1　电视广告的语类阶段特征

电视广告像所有的视频语篇一样，镜头通常是最基本的组成单位，镜头组成场景，不同的场景组成一个语类结构阶段。冯德正（2011）将电视广告分为 3 个阶段：叙事阶段、宣传阶段和商标阶段。Baldry（2006）对电视广告的语类阶段结构也有类似的划分，将电视广告分为起始阶段、主体阶段和结尾阶段。

Martin 和 Rose 在论述故事的语类结构时提出，故事的语类结构的展开具有类似于语类结构框架中的阶段和段落，包括以下语类阶段，引子（orientation）、发展（complication）、评价（evaluation）和结局（resolution）。同时不同的语类阶段又可以包括场景、描写、事件、影响、反映、问题、解决、评论、反思等不同的语类段落。

综合上述研究，结合我们对广告样本的定性研究结果，我们提出汽车电视广告作为一种以产品推广为目的的宣传性多模态语类，其语类框架结构通常可以分成以下四个阶段：引题（orienter）、展示（display）、详述（enhancer）和尾声（epilogue）。每一个阶段对于实现产品推广这一最终功能又起到不同的作用。（见表 12-1）

表 12-1　语类阶段的功能特征及定义

语类阶段	功能特征
引题	引题阶段的功能是吸引观众。引题阶段视频的内容的主要特点是广告宣传的产品还没有出现，或者是还没有占据视频内容的焦点，产品本身不是视频中最突出的部分。
展示	展示阶段的功能是通过视频图像展示产品，让观众了解产品。视频焦点内容是对汽车这一产品进行的视觉图像的展现，但没有伴随语言的相关介绍。
详述	详述阶段的功能是通过语言让观众了解产品的具体特点和性能。详述是指视频内容汽车产品的图像展示和同时伴随语言介绍对广告产品功能、特色、细节等进一步阐释。
尾声	尾声阶段的功能是展示品牌标识。在尾声阶段主要展示的内容是汽车品牌的标识，通常包括徽标和品牌名称，有的还包括简短的宣传口号等。

12.5.2　研究方法和过程

本章的第一步是建立统一标注的多模态电视广告的语料库，建立语料库彩的是 ELAN 软件。

本章的语料全部来自网络，广告的语言分为中、英两种，可以初步区分为投放到国内和国外不同市场的电视汽车广告，所有视频汽车广告全部来自中外著名汽车品牌的广告，时间为近几年，具有较强的时效性，能够反映当下的汽车广告设计理念和潮流。我们共收集了多个中外著名汽车品牌的电视广告共 60 篇，为了便于比较，中、英文汽车广告数量相等，各 30 篇。

　　本章关注的是汽车电视广告在语类阶段方面的特征，以及中、英文电视广告在语类特征方面体现的差异。语类特征体现在语类阶段的长度、出现频率和每个阶段的时间长度占整个广告时长的比例等方面。本章采取定性和定量相结合的方法对中、英文电视广告的语类特征进行对比研究。首先，通过定性分析总结出电视汽车广告的基本语类步骤，然后以 ELAN 软件为工具，对全部的电视广告语篇进行标注。通过 ELAN 本身自带的标注检索功能，对标注结果进行检索统计（见图 12-1）。然后分别把中、英文汽车广告的标注统计结果使用 SPSS 软件进行对比分析，寻找两类电视广告在语类特征方面的差异。之后，进一步以分析结果为基础，解释中、英文两类汽车电视广告语类特征差异背后的深层原因。

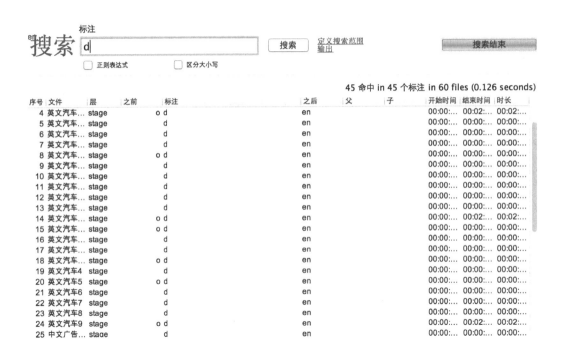

图 12-1　ELAN 软件检索页面

12.5.3　数据统计结果

　　表 12-2 是对中、英文两类汽车广告的语类阶段的出现次数、比例和占总时长比例的初步统计对比。从表中的统计结果可以看出，汽车电视广告的语类阶段出现频率为 100% 的只有详述和尾声阶段，所以汽车电视广告的必选阶段是详述和尾声阶段，引题和展示阶段为可选阶段。根据 Hasan 对语类结构潜势的描述，我们可以把汽车电视广告的语类框架结构用以下公式表示：

　　（引题）□（展示）□详述□尾声

这个公式表示汽车电视广告由四个语类阶段按顺序组成，其中引题和展示阶段为可选阶段（小括号表示语类阶段为可选），详述和尾声阶段为必选阶段。

表 12-2　中、英文汽车广告语类阶段出现次数、比例和占总时长比例统计表

语类阶段	中文广告				英文广告			
	语类阶段出现比例	语类阶段数量	语类阶段平均时长	语类阶段占总时长比例	语类阶段出现比例	语类阶段数量	语类阶段平均时长	语类阶段占总时长比例
引题	36.67%	11	3.23776	12.22%	56.67%	17	35.4528	41.78%
展示	73.33%	22	12.326	46.54%	86.67%	26	36.36013	42.85%
详述	100.00%	30	8.3405	31.49%	100.00%	30	9.0062	10.61%
尾声	100.00%	30	2.5814	9.75%	100.00%	30	4.0379	3.04%

表 12-3 还对比了中、英文汽车广告各个语类阶段的时长占整个广告时长的比例。中、英文广告的引题阶段占广告总时长的比例分别为 12.22% 和 41.78%，两者的差异显著，另外中、英文广告详述阶段的时长占总时长的比例分别是 31.49% 和 10.61%，两者差异也比较显著。展示阶段中、英文广告的占广告总时长的比例分别为 46.54.57% 和 42.85%，两者相近，没有显著差异。

表 12-3　中、英文汽车电视广告语类的描述性分组统计表

	广告类别	个案数	平均时长	标准偏差	标准误差平均值
总时长	中文广告	30	20.8513	6.89760	2.18121
	英文广告	30	59.8604	42.00570	13.28337
镜头时长	中文广告	468	1.3366	.77719	.06222
	英文广告	930	1.9177	2.09597	.11904
引题	中文广告	11	3.2378	1.48493	.74246
	英文广告	17	35.4528	21.42889	9.58329
展示	中文广告	22	12.3260	8.65128	3.26988
	英文广告	26	36.3601	36.24557	12.81474
详述	中文广告	30	8.3405	7.24547	2.29122
	英文广告	30	9.0062	5.86709	1.85534
尾声	中文广告	30	2.5814	.55912	.17681
	英文广告	30	4.0379	1.32278	.41830

表 12-4 是中、英文汽车电视广告的平均值独立样本 t 检验结果。表 12-4 中两类广告总时长的方差齐性检验的显著值小于 0.05（P=0.038），说明进行独立样本 t 检验没有满

足方差齐性的假设条件，应该读取第二行的 t 检验结果。由于 t 值很小且 t 检验显著值（P＝0.017）远小于 0.05（研究置信水平为 95％），因此我们可以认为，在 95％ 置信水平上，中、英文汽车电视广告的长度值有明显区别。另外，尾声和单个镜头长度的 t 检验显著值（P＝0.021）也都远小于 0.05，所以中、英文汽车电视广告的尾声和单个镜头长度也有显著的差异。但是展示和详述语类阶段的 t 检验显著值（分别为 0.112 和 0.824）都大于 0.05，因此，我们认为中、英文汽车广告的展示和详述语类阶段的长度没有显著差异。

表 12-4　中、英文电视广告的独立样本 t 检验结果

		莱文方差等同性检验		平均值同性 t 检验							语类特征对比结论
		F	显著性	t	自由度	Sig.（双尾）	平均值差值	标准误差差值	差值 95％ 置信区间		
									下限	上限	
总时长	假定等方差	4.992	0.038	2.898	58	0.01	39.009	13.461	10.728	67.29	显著
	不假定等方差			2.898	30.563	0.017	39.009	13.461	8.793	69.224	
单个镜头时长	假定等方差	15.25	0	3.347	1390	0.001	0.581	0.173	0.239	0.922	显著
	不假定等方差			4.326	1359.1	0	0.581	0.134	0.317	0.845	
引题	假定等方差	5.598	0.05	2.959	25	0.021	32.215	10.885	6.473	57.956	显著
	不假定等方差			3.352	14.16	0.028	32.215	9.612	5.652	58.778	
展示	假定等方差	1.986	0.182	1.705	43	0.112	24.034	14.097	−6.421	54.489	不显著
	不假定等方差			1.817	27.706	0.107	24.034	13.225	−6.529	54.597	
详述	假定等方差	0.359	0.556	0.226	58	0.824	0.665	2.948	−5.528	6.859	不显著
	不假定等方差			0.226	55.596	0.824	0.665	2.948	−5.5	6.878	
尾声	假定等方差	1.823	0.194	3.207	58	0.005	1.456	0.454	0.502	2.41	显著
	不假定等方差			3.207	39.042	0.007	1.456	0.454	0.468	2.444	

12.5.4　统计结果的总结和分析

以前文对中、英文广告的语类特征数据的统计结果为基础，我们把中、英文电视广告的语类特征对比做出以下总结：

①中文广告的平均时长显著小于英文广告的平均时长。

②中文广告的单个镜头的平均时长比英文广告要短，也就是镜头切换频率更高，整个广告的节奏更快，单位时间内的信息量更大。相反，英文广告的节奏要更慢一些，单位时间内的信息量较少。

③引题阶段中文广告的平均时长显著低于英文广告，并且中文广告引题阶段占广告总时长的比例也显著低于英文广告。

④展示阶段中、英文广告的平均时长相近，并且展示阶段占总时长的比例也相近，没有显著区别。

⑤详述阶段中、英文广告的平均时长相近，但是中文广告展示阶段占总时长的比例显著高于英文广告。

⑥尾声阶段中文广告的平均时长显著低于英文广告，并且中文广告尾声阶段占总时长的比例也显著低于英文广告。

下面我们以数据分析的结果为基础，深入分析中、英文电视广告语类特征差异的原因。

中文广告平均时长比较短的主要原因是英、美国家的电视节目中广告平均时间长度整体上比国内的电视广告要长，所以英文汽车类电视广告时长也相应地比中文汽车类电视广告长。

由于英文汽车广告的平均时长较长，所以在信息传达时“时间压力”较小，相应的单个镜头的时长也较长，单位时间内的信息量较小，节奏比中文汽车广告慢一些。

英文广告引题阶段的时长占总时长的比例远高于中文广告。这是因为英文汽车广告比较关注如何避免广告本身引发观众心理排斥这一问题，更注重用“隐蔽”的方式推广产品。因为引题的内容是为了让观众主动、愉悦的接受广告产品内容而做的铺垫部分，引题阶段没有直接推广产品的内容，主要是用比较新奇、有创意的内容将观众的精力吸引到广告上面，可以避免广告本身引发的观众对广告的主观排斥心理。

中、英文两类广告的产品展示阶段的长度占广告总时长的比例相对于其他语类阶段都是最高的，并且占总时长的比例相差不明显，说明两类广告都比较重视产品的展示。展示阶段的功能是通过视频图像让观众了解产品，在展示阶段没有产品推广者介绍产品的声音和文字，而且通常在展示汽车这一产品的同时伴随很多常用的产品之外的视觉信息内容，更容易被观众接受。

中、英文汽车电视广告的详述阶段平均长度没有显著差异，但中文汽车广告的详述阶段占总时长的比例高于英文汽车广告，说明中文广告更注重产品的直接介绍，而英文广告则对产品的直接介绍更少一些。详述阶段的特点是视频语篇的内容是汽车产品的图像展示，同时伴随语言对汽车功能、特色、细节等的介绍，是纯粹的产品介绍的内容。

尾声阶段英文汽车广告的长度显著长于中文汽车广告。首先是因为英文广告的整体时间较长，所以尾声阶段的时间长度也相应地更长一些。其次，英文广告更侧重于宣传品牌效应。因为尾声阶段主要展示的是产品的品牌标识，通常包括徽标和品牌名称，有的还包括简短的宣传口号等，主要是对于汽车品牌的宣传。

中、英文汽车广告在创意方式和创意风格上的差异是造成语类差异的重要原因之一。中文汽车广告习惯于直接展示出产品本身的品质、特点等，突出产品本身的具体价值和作用，广告通常不会超越商品本身。而英文汽车广告注重观众的感受，通常会展示一些广告以外的东西，通过这些内容给观众带来情绪和感觉上幽默、轻松或愉悦，追求给观众带来的心灵的震撼，从而给观众留下长久而深刻的印象。英文汽车广告更注重广告的艺术性，注重展示产品的附带价值。

经济发展方面的因素也是导致中、英文汽车广告语类特征差异的重要原因。广告本身就是一种经济现象，汽车广告也不例外，必然会受到国家经济发展状况以及行业发展水平的影响。中国汽车工业的发展历史较短，汽车的普及也比较晚，消费者对汽车的品质、性能等关注程度更高，国内汽车工业还处于发展上升阶段，在汽车销售持续增长的大环境中，汽车厂商和广告制作者更倾向于选择中庸的创意，这样可以兼顾汽车性能描述和广告创意，而非单纯的汽车品牌宣传。英美国家的汽车工业发展已久，对于汽车的消费已经有很长的历史，这使得英文汽车广告不再主要是注重宣传产品本身的使用价值，而是更侧重于宣传品牌效应，所以广告的艺术性更加明显。

我国的汽车电视广告虽取得了长足的进步，但在短期内这种以产品为主导的广告模式仍然很难改变。由于国内的中文汽车广告强调"车本位"，总是集中展示产品本身的具体价值和作用，汽车广告容易产生同质化、类型化的问题，汽车广告的艺术性，创意性也就相对不足，容易忽略消费者"人本位"的诉求，影响观众对广告的接受程度。

12.6 结 语

本研究使用 ELAN 软件作为工具，建立了较大规模的、经过统一标注的、能够实现高效率检索和统计的新媒体视频语篇多模态语料库。所建语料库包括四个子语料库：视频广告语篇语料库、视频新闻语篇语料库、电影语料库和短视频语料库。每一个子语料库的容量为 100 篇，整个语料库的总容量为 400 篇。每一个语料库中的语篇都依据自建的标注模式，进行了分层次标注。所建的语料库可以根据标注的语类特征进行检索和统计。

本研究还构建了动态多模态视频语篇的语类量化分析模式，并且以建立的多模态语料库中的电视广告语类子语料库为基础进行了实例分析。以自建的统一标注的多模态语料库为基础，通过 ELAN 本身自带标注检索功能，对标注结果进行检索统计。然后进一步使用 SPSS 软件进行数据统计，对比分析中、英文汽车电视广告的语类特征差异。之后以分析结果为基础，深入阐释了中、英文两类汽车电视广告语类特征差异的深层原因。需要指出的是，本章所选取的汽车广告全部是电视广告，而视频广告的播放媒介的不同也可能会导致其语类特征不同，例如汽车厂家的门户网站上的视频广告，以及专门在网络平台上播放的汽车视频广告和电视上播放的视频汽车广告在语类特征方面都有区别。电视广告对时长的限制性比较大，广告的时长和广告费用相关，所以电视广告比网络广告的时间通常更短。在以后的研究中，我们需要对不同的播放媒体平台的汽车视频广告的语类特征进行深入对比研究。

第13章　多模态语篇分析的跨学科应用
——社会符号学电影批评理论

13.1　引言

本章尝试以社会符号学和批评话语分析理论为基础，结合多模态语篇分析理论，构建社会符号学电影批评理论的分析框架，为学术影视批评的发展提供新的理论思考。从社会符号学角度出发，电影中呈现的内容可以看做是语境重构的社会情境，是电影生产者从自身利益出发，为了实现一定目的，对社会情境进行删减、替代、增加和重组之后呈现在电影中的结果。以社会符号学电影批评理论为基础，分析电影对社会情境的重构模式，可以阐释电影的艺术价值、深层意义和电影背后的意识形态操控。

13.2　社会符号学电影批评理论的意义和价值

在今天的新媒体时代，大众影视批评以网络为载体迅速扩张，学术影视批评正面临前所未有的挑战。陈旭光(2016)在探讨当下电影批评的问题时指出："当前电影批评，正经历着文化批评的落潮、艺术批评的失语、产业批评的尴尬和网络批评的崛起"。但资本操控和利益驱动导致以网络为载体的大众影视批评日趋转向为以产品推广为目的的商业运作行为(李溪慧，2019)。同时，由于学术影视批评基础理论发展缓慢，落后于时代，文化、艺术类的学术影视批评正在被大众影视批评的感性和盲目所同化和淹没，失去更多的话语权(孙伯翰，2020)。因此，构建科学的、适应时代的新的影视批评基础理论势在必行。本章尝试以社会符号学和批评话语分析理论为基础，结合多模态语篇分析理论，构建社会符号学电影批评理论的基础和分析框架，为学术影视批评的发展提供新的理论思考。

社会符号学是在系统功能语言学研究的基础上发展起来的符号学分支，是现代符号学发展的一个新方向。系统功能语言学的创始人 Halliday(1978)提出了社会符号学概念，开创了符号学研究的新途径。社会符号学将研究的重点从符号的内在特征转移到符号在交际中的功能上来。社会符号学从一开始就是沿着批评话语分析的传统出发的，把意义的生成和解读与社会活动和社会活动者在其中发挥的作用联系起来。社会符号学认为符号和话语具有相似的社会属性，其意义是由社会主体赋予的，而社会主体通常从自身的权利和利益出发，决定符号的具体意义。批评话语分析和社会符号学都认为符号和话语是权力斗争的一个场所，也是权力斗争的一个内容，社会活动主体都试图通过对符号和话语的控制来实现其自身利益。所以批评话语分析和社会符号学在研究方法和对象方面是相互融通的（田海龙，2019）。

社会符号学与批评话语分析的理论融通，为社会符号学电影批评理论奠定了基础，为分析影视作品提供了新的路径（齐隆壬，2015）。但目前从社会符号学角度对影视作品的研究才刚刚起步，现有的社会符号学电影研究主要是从语篇分析角度进行的，把电影作为一种多模态语篇，分析的主要理论基础是 Kress 昨 van Leeuven（2006）构建的视觉语法理论，以及 Bateman（2012）所构建的电影语篇语义理论。当前社会符号学影视相关研究还没有形成系统的影视批评理论框架，本质上还属于批评话语分析角度的多模态语篇分析，还不是真正意义上的影视批评。本章从社会符号学角度出发，将电影的内容看做是语境重构的社会情境，通过分析电影对社会情境成分的选择和重构模式，阐释电影的艺术价值、深层意义和电影背后的意识形态操控，进而构建社会符号学电影批评理论的基础和分析框架。

13.3　社会符号学电影批评理论的理论框架

13.3.1　传统符号学电影批评理论和社会符号学电影批评理论的区别

传统电影符号学是指以结构主义语言学家索绪尔的理论为基础的影视符号学理论，盛行于上世纪六七十年代，其代表理论家及理论著作有法国麦茨的《电影：语言还是泛语言》、意大利艾柯的《电影符码的分节》以及意大利帕索里尼的《诗的电影》等。传统符号学影视批评理论将影片视为一套惯例与符码的系统，在研究传播过程中的意义建构时，实现对影视意义的评价。传统符号学认为所有的传播形式，包括电影都可以分割成意义单位，可以从各自的特征加以研究，也可以从它们如何与其他意义单位互动的角度加以理解。意义的基本单位是符号，符号通过组合成为系统，进而构成了"文本"。影视作品可以看作是通过摄像机的镜头对现实生活空间和事件进行捕捉和影像呈现的图示符号（方彦蘅和朱琳，2013）。传统符号学电影批评以文本为中心，通过分析电影文本中的符号系统，发现这些系统产生意义的规律。

社会符号学关注的是符号系统如何在社会语境中生成意义的。社会符号学把符号看做是可供人们使用和设计从而生成意义的资源(张德禄，2010)，主要研究符号系统实现意义的功能。符号系统被看作用来实现交际目的的符号资源。从社会符号学角度来看，电影是一种用来实现其作者(编剧、导演、演员等)交际目的的语篇产品，是语篇作者在多种可使用的符号资源中选择和应用的结果。电影可以使用多种符号资源，也就是多种模态，例如声音、图像、书写、蒙太奇和摄像机运动等。制作电影的过程是电影作者利用可用的符号资源进行设计和"编码"的过程，这是一个是由权力关系来塑造的社会过程，是电影作者根据自己的意图、兴趣和利益为实现一定的目的对电影的符号资源进行选择的过程。这个过程是受权利和意识形态所控制的。社会符号学电影批评理论强调，通过分析电影作者对符号资源的选择过程，可以揭示电影语篇的深层意义，以及影片背后的利益动机和意识形态操控。

13.3.2　电影语篇内容作为语境重构的社会情境

社会符号学理论认为语篇可以由多种模态构成，对语篇的分析可以从语境层、语义层、词汇语法层和表达层四个层次进行。从社会符号学角度来看，电影是一种由多种符号资源构成的动态多模态语篇，所以也可以从语境、语义、词汇语法和载体等不同层次进行分析。但电影作为一种动态多模态语篇与传统文字语篇和静态图文语篇有很大的区别，其中最重要的区别在于语篇语义层。电影的语篇语义层内容非常丰富，甚至一个镜头的内容都无法用语言充分描述。原因在于摄像机拥有类似于人的眼睛的影像复制功能，录音设备具有类似于人的耳朵对声音的复制功能，这使得所有感知形式为视觉和听觉的模态都可以存在于电影语篇中。

Wildfeuer(2014)指出电影的语篇语义分为两个层次：表层结构和文本基础。表层结构是影片内容的视觉和听觉信息的总体描述，包括各种信息的细节；文本基础是从表层结构推断而来的电影中明确表达的事件，是简化的语义的概括表达，不具有表层结构的细节。基于 Wildfeuer 对电影语义的研究，可以将电影的语篇语义层进一步区分为两个层次：内在语境层和命题意义层。内在语境是电影文本意义的总和，相当于表层结构；命题意义是电影内容所明确表达的情节事件的语言概括，相当于文本基础。命题意义是从内在语境中推断得出的，是从文本意义总和中提炼出来的中心意义。因为电影镜头中的视觉信息和含义是无法用语言充分重述的，但是我们可以用语言重述关于电影情节的中心意义，这就是命题意义(王正，2022)。

内在语境在电影语篇中尤为凸显，社会符号学电影批评理论主要是针对电影语篇语义层的内在语境层面构建的电影语篇分析模式。社会符号学电影理论把电影语篇的内在语境的基本结构单位看做是社会情境，电影的内容也就是电影语篇的内在语境是由多个叙事性的社会情境组成，电影语篇产出的根本过程是摄像机将真实的(或模拟的)社会情境进行复制，并以一定的方式呈现到电影中的过程。

电影中所呈现的社会情境很多时候是与电影中的场景是一致的，但场景与社会情境又有区别，社会情境是以活动为中心的，即使是同一场景，但场景中的主要社会活动发生改变，那么影片中的社会情境也随之改变。一个电影语篇通常由多个社会情境组成，每一个社会情境中的社会活动都有各自的目的。同时，一部电影的全部内容又可以看做是一个总的社会情境，因为整个电影语篇有一个总目的，电影中呈现的每一个社会情境最终都是为了实现一部电影作为一个语篇整体的总目的。

13.3.3　社会情境的组成和结构

社会符号学的主要研究者之一 van Leeuwen(2008)所构建的批评话语分析框架中的"社会实践"是与社会情境相当的一个术语；社会实践的构成要素包括参与者、活动、活动方式、参与者的资格条件、呈现方式、时间、地点、资源和工具等。基于 van Leeuwen 对社会实践的研究，从社会符号学角度出发，我们提出社会情境包括以下主要成分：活动者、活动、工具、角色、身份、时间、空间和架构。电影中的社会情境可以看做是电影语篇内的情景语境。语篇的三个情景语境变量与语言的三个元功能之间是对应的；语场与概念意义对应，语旨与人际意义对应，语式与语篇意义对应（Halliday 和 Matthiessen，2014）。同样社会情境的成分也分别与三个元功能相对应。活动者、活动、工具属于实现概念功能的成分，角色和身份属于人际功能的成分，时间、空间和架构属于语篇功能的成分。

在概念功能方面：社会情境的核心内容是活动者和他们进行的社会活动，通常根据情境中发生的主要社会活动来命名一个社会情境；工具是使社会活动得以进行的外部条件。在人际功能方面：角色是活动者在社会情境中所要完成的任务；身份是活动者参与社会活动的资格条件，是活动者在特定社会情境中担任特定角色必须具备的条件。在语篇功能方面：时间、空间和架构是决定电影中社会情境的连续性的成分，当电影中的时间和空间改变时，通常电影呈现的内容也从一个社会情境过渡到另外一个社会情境；架构是社会活动通常所应遵循的顺序。

电影是按时间顺序展开的伴随声音的视频语篇，所以电影中社会情境呈现的结构模式通常是分阶段的、线性的、按时间顺序展开的。电影作为一种以叙事为主的多模态语篇，所呈现的完整的社会情境通常包括引题、铺垫、开端、高峰和结局 5 个阶段。每个阶段的功能特征如下：引题，提供社会情境的概述信息，例如时间、地点和场景等；铺垫，为社会情境中的主要社会活动做准备，通常是主要社会活动开始前的次要活动；开端，次要活动进一步发展，引出主要社会活动；高峰，社会情境中的主要社会活动；结局，是主要社会活动产生的结果或影响。例如，电影《教父 1》开场部分所呈现的第一个社会情境是"包纳萨拉因为女儿被两名青年重伤，向教父维托求助的情境"，这一社会情境包括完整的 5 个阶段。其命题意义可以概括为：引题，包纳萨拉讲述女儿被恶棍重伤的悲惨遭遇；铺垫，教父让人递给情绪激动的包纳萨拉一杯酒，并引导他进一步讲述法官对恶棍的判决；开端，包纳萨拉对教父耳语，提出帮他报仇的要求；高峰，教父与包纳萨拉之间发生争执，教父开始拒绝了包纳萨拉，后来在包纳萨拉接受教父的条件，视教父为朋友后同意为他报仇；结局，教父交代汤姆·哈根安排人替包纳萨拉报仇，惩罚恶棍。

13.3.4　电影中社会情境的语境重构模式

电影呈现社会情境的过程本质上是对社会情境进行语境重构的过程。电影的生产过程是多层次的，通常要经过编剧、表演、录制和剪辑等一系列的过程，每一个过程中都会发生对社会情境的语境重构。例如：在录制过程中，对拍摄的内容、角度、焦距等的选择；把拍摄的内容进行剪辑，同时添加背景音乐、字幕等；多个拍摄场景通过剪辑组合，构成一个连贯的电影文本。这一系列的过程都可以看做是语境重构的过程。电影中的社会情境的语境重构过程的实质是对社会情境按照电影作者的意图重新选择，并以特定的方式呈现在电影中的过程。电影的制作者通常从自身的利益和目的出发，来确定社会情境在电影中的呈现模式。通过分析电影中社会情境的重构模式，可以揭示电影语篇的深层意义和语篇背后的意识形态动机。

电影呈现社会情境的过程相当于社会实践转化为电影这种多模态话语的过程。van Leeuwen(2005)提出社会实践转换为话语时会发生以下四种类型的转换：删减、替代、重组和增加。转换过程取决于话语生产者的利益需求和交际目的。电影呈现社会情境时同样也会发生对社会情境的成分进行删减、替代、重组和增加的过程。删减，电影在呈现社会情境的过程中，为了实现一定的目的删除社会情境中的某些成分，例如把社会情境中某些特定的活动者删除，删除活动者等于剥夺了活动者的话语权；替代，在电影中用社会情境成分的一部分，替代实际社会情境的整体，例如电影中只用枪声替代枪击这一具体的活动；重组，电影呈现社会情境时，对社会情境的各个成分的顺序进行重组。例如通过对时间这一社会情境成分的重组，从而实现电影叙事手法中的倒叙或插叙；增加，电影在呈现某个社会情境的过程中增加不属于该情境的成分，增加的部分通常可以传递情感意义和评价意义，例如增加具有传递情感意义的背景音乐，或是增加对具体事件做出评价的背景声音或屏幕书写语言等。

电影在呈现社会情境时，对社会情境的改变是必然的。即使是摄像机完全捕捉到整个社会活动发生的全过程，那也只能从一个角度，以其中一部分作为焦点，本质上也是用社会情境的部分代替整体的社会情境。具体用哪一部分去替代整体的社会情境，是电影生产者从自身利益出发，为了实现一定目的而做出的选择。

13.4　社会符号学电影批评理论的应用实例

下面我们以经典影片《教父1》为例，从社会符号学角度分析电影呈现社会情境的语境重构过程与影片意义表达之间的联系。

开场部分影片呈现的第一个社会情境是"包纳萨拉因为女儿被两名青年重伤，向老教父维托求助"。电影开场首先是黑屏，伴随着包纳萨拉的声音"我相信美国"，逐渐淡入包纳萨拉脸部的特写镜头，在镜头开始时，包纳萨拉直视观众的眼睛，讲述他女儿被两名罪犯重伤的悲惨故事。开场部分包纳萨拉的特写镜头刻意删除了背景空间和社会情境中的其他活动者。空间和其他活动者的删除，改变了社会活动的互动模式，本来包纳萨拉是在对教父讲话，变成了直接面向观众陈述。这种互动关系持续了1分20秒，虽然镜头一直在后拉，但直到包纳萨拉讲完女儿的悲惨遭遇后，镜头的范围才扩展到包括了教父维托的手和背影，这时观众才意识到包纳萨拉是在对维托讲话。

影片开头部分通过镜头取景删除了社会情境的空间，同时也相当于删除了能够体现活动者身份的信息，这让包纳萨拉暂时成了一个没有明确身份的人。删除空间成分的同时，也改变了社会情境中活动者之间的关系，使包纳萨拉开场时在直接与观众对话。于是这个开场出现的身份不明的人，先入为主，暂时成了影片生产者的代言人。包纳萨拉的第一句话是"我相信美国，是美国让我发了财"，然而，接下来影片展示的是他讲述了女儿被恶棍重伤的悲惨遭遇，以及美国政府和司法机构却只给恶棍判了缓刑，让他们逍遥法外的事实。他无奈向黑帮头目维托求助讨回公道。维托最终同意了他的要求，并安排为他的女儿实施报复、惩罚恶棍。包纳萨拉成功地从黑帮教父而不是美国政府那里得到了他所寻求的正义。影片开场通过对空间成分的删除，操控并改变了社会情境中活动者与观众关系的互动模式，使包纳萨拉在开场部分成了影片生产者的代言人，通过包纳萨拉的话语、经历和行为，表达了影片作者对"美国梦"的失望以及对美国政府和司法的批判。

如前文所述，叙事性的影片中完整的社会情境通常分为引题、铺垫、开端、高峰和结局5个阶段。影片教父在呈现社会情境过程中较多地使用了删除的方式，主要表现为删除了社会情境的结局阶段。电影《教父1》中婚礼场景之后讲述的事件的命题意义可以概括为：教父为了帮助教子——好莱坞的明星歌手强尼·方坦争取一个电影角色，派汤姆去与电影厂大亨杰克·乌尔茨谈判，商谈失败后，通过杀掉乌尔茨喜欢的价值不菲的赛马，并把马头放在他豪宅卧室的床上，威胁乌尔茨使强尼获得了角色。这个事件在影片的内在语境层面是分为三个社会情境呈现的，第一个社会情境是汤姆与乌尔茨初次见面提出要求给强尼角色，被拒绝。第二个社会情境是乌尔茨打探得知汤姆的黑帮身份后再次请汤姆到家中商谈，但最后激动地讲出了不给强尼角色的原因，并拒绝了汤姆的要求。第三个社会情境是乌尔茨一天早晨正在床上酣睡，醒来的时候发现了被子里面血淋淋的马头。电影在呈现第二和第三个社会情境时，都只有引题、铺垫、开端、高峰四个阶段，而没有结局阶段。乌尔茨再次邀请汤姆谈判这一社会情境的高峰阶段是：乌尔茨向汤姆大吼表示绝不可能把角色给强尼，汤姆转身离去表示要立刻向教父汇报坏消息。影片对于这个社会情境的呈现到此截止，紧接着呈现的是下一个社会情境——乌尔茨在床上发现了马头。乌尔茨在床上发现马头并失声叫喊是第二个社会情境的高峰部分，但影片在乌尔茨的叫喊声中，立刻转入了下一个社会情境——教父与汤姆等人在办公室中探讨是否要参与毒品生意。

电影在呈现这两个社会情境时，都是在高峰阶段戛然而止，删除了结局阶段。被删除的部分应该包括的活动内容：汤姆向教父汇报后发生了什么；马头是如何被放入乌尔茨的床上的；乌尔茨受到惊吓失声叫喊后接下来又做了什么。这些应该在影片中两个社会情境结局阶段呈现的社会活动内容，在影片中都被删除了。在社会情境的高峰部分戛然而止，删除结局部分的呈现方式，一方面给观众带来更为突然的震撼，另一方面也给观众留下了充分的想象空间。教父手下的人是如何绕过严密的安保，砍下价值 60 万美元的名马的马头，并在乌尔茨毫无察觉的情况下放在他豪宅卧室的床上的？这需要什么样的黑帮势力和怎样的周密的计划才能做到？影片删除了这些本属于社会情境中应该呈现的活动内容，观众只能想象这些问题的答案。然而观众通过想象反而更能感受到教父狠毒却高超的做事手段以及他手下强大的黑帮势力。一部优秀的影视作品，不在于告诉了观众什么，而在于引发观众的思考(邹逸君，2022)，这种删除社会情境的结局阶段的手法，给观众留下了思考、想象和反复品味的空间。

电影《教父 1》中对社会情境的重组的经典例子是电影中教堂洗礼和刺杀 5 大家族首领的片段。这一段一共呈现了 6 个不同的社会情境，麦克在教堂成为婴儿教父的洗礼情境以及 5 大黑帮家族首领分别被刺杀的情境。影片通过平行蒙太奇剪辑的手法对这些社会情境进行了重组。在这一段中呈现的最主要的社会情境是教堂洗礼，因为教堂洗礼情境使用的背景音乐以及洗礼时的背景声音贯穿整个片段，刺杀 5 大家族首领的情境分别穿插于其中。刺杀 5 大家族首领的活动可以看做是在呈现教堂洗礼这一社会情境时所增加的成分，每一次暗杀活动的高峰部分恰好插入到麦克回答牧师的提问之后。牧师问："你会弃绝撒旦吗，和他的一切所作所为吗?"麦克回答："我会!"这时影片镜头紧接着切换到一个个杀戮行为的情境，从而表明麦克不但没有弃绝撒旦，而正在通过一次次的谋杀接近撒旦。接下来教堂中的牧师提问"你将会接受洗礼吗"，麦克回答完"我会"时，影片镜头又再次切换到杀戮的情境，展示了被杀死的 5 大家族首领血淋淋的尸体。

这个影片片段利用平行蒙太奇的剪辑手法，重组了影片中的社会情境，将暗杀活动穿插于教堂洗礼的社会情境中。教堂洗礼意味着新生，暗杀意味着死亡，两者形成鲜明、深刻的对比。教父麦克一边承诺信仰上帝，弃绝撒旦，另一边在杀人夺利。影片通过对社会情境的重组，戏剧化地展示了教父这一充满矛盾的人物形象，对观众形成强烈的情感和视觉的冲击；同时利用教堂中麦克成为婴儿教父的洗礼过程，暗示性的表明：教堂外的杀戮正是使麦克一步步成为黑帮教父的洗礼过程，麦克不但没有弃绝撒旦，反而正在一步步接近撒旦，从信仰和行为上同时成为一个真正的黑帮教父。

13.5 结 语

电影批评需要有严谨、系统的理论支持才能使分析结果更加客观，避免主观随意性。社会符号学理论和多模态语篇分析理论的发展，为社会符号学电影批评理论奠定了基础。本研究初步构建了社会符号学电影批评理论框架，通过将该理论框架应用于电影实例《教父1》的片段分析，证实了该理论框架的实用性和有效性。以社会符号学电影批评理论为基础，分析电影是如何通过对社会情境的选择和重构实现对观众的操控，可以揭示电影的深层意义和电影背后的意识形态操控。在以后的研究中我们会进一步详细构建社会情境成分在电影中的呈现模式和转换模式系统，继续发展和完善社会符号学电影批评理论，并更广泛地将其应用于实证研究，推动影视批评基础理论的发展

第 14 章　总结与结论

14.1　研究总结

　　本书的研究内容主要包括四个部分：理论基础部分、静态图文多模态语篇的分析研究、动态视频多模态语篇的分析研究和多模态语篇理论的跨学科应用。本书第一部分的理论基础包括第 1 章、第 2 章和第 3 章。第二部分静态图文多模态语篇分析包括第 3 章到第 5 章。第三部分动态视频多模态语篇分析研究包括第 6 章到第 12 章。第四部分为第 13 章——多模态语篇理论的跨学科应用研究，以多模态语篇分析理论为基础构建了社会符号学电影批评理论。

　　第 1 章绪论介绍了研究背景、研究意义、研究来源和目的、研究的思路和方法以及本研究的组织结构。

　　第 2 章探讨了多模态语篇分析的理论基础。全面地概括了本研究所涉及的多模态语篇分析的理论基础。主要包括系统功能语言学理论、社会符号学理论、多模态互动分析理论以及多模态语料库语言学理论。系统功能语言学的核心理论在多模态语篇分析中都能够被合理扩展和运用。社会符号学理论作为一种适用性语篇分析理论，为多模态语篇分析的实际应用提供了指导框架。多模态互动分析方法和多模态语料库语言学理论为本研究动态视频多模态语篇的研究提供了理论支持。

　　第 3 章探讨了多模态语篇的类型与层次结构。从多模态视角对语篇进行了拓扑分类，提出并证明了"实现连续体"这一概念，并通过区分篇内与篇外情景语境两个层次，完善了系统功能语言学（SFL）的语境理论，为 Halliday 和 Martin 在 SFL 中关于语境和语类的两种不同模型之间长期存在的"矛盾"提供了合理解释。本章还阐释了语篇相邻层次之间的"层次融合"现象，并以电影语篇为例，深入阐释了实现连续体和篇内情景语境两个概念。

　　第 4 章探讨了静态图文多模态语篇符号间的衔接机制。提出了较为完整的视觉符号和文字符号的衔接理论框架，扩大了图像和文字的衔接范围，把不同符号间人际意义衔接和语境层面衔接纳入符号间的衔接范围。并且对符号间的人际意义衔接和语境衔接做了深入的探讨。对态度系统衔接的论述，主要以多模态语篇的评价系统理论为基础。对于不同符号间语篇外部衔接——语境衔接的论述，主要是从文化语境和上下文语境两个方面进行的。本章所提出的不同符号模态间的理论框架，也适用于其他形式的多模态语篇。

第5章建立并应用了静态图文多模态语篇语料库——期刊封面语料库。通过使用语料库软件 UAM Image Tool 2.0 建立了期刊封面语类的多模态语料库，并进行标注和统计分析，对期刊封面这一多模态语类的特征进行归纳和描述。在语类结构潜势理论的基础上，提出了语类结构原型这一概念，并且勾画出期刊封面语类的结构原型，优化了系统功能语言学的语类分析方法，使之适用于由图文组成的静态多模态语类的描写。并且进一步对比了学术期刊封面和大众期刊封面的语类特征差异，通过实证研究证实了生产和消费过程对多模态语类特征的制约作用。

第6章探讨动态视频多模态语篇分析的研究方法。对已有的动态视频语篇的分析模式进行了总结，然后在此基础上对视频语篇重新进行了定性描述，指出视频语篇包括本质、内容、形式和载体四个层次，视频语篇的本质是语境重构的社会情境，内容是社会行为，形式是连续播放的图片，载体是数字化文件。另外本章还建立了针对动态视频多模态语篇社会情境层的有效分析模式。

第7章探讨了动态视频多模态语篇的组成结构。重点探讨了动态视频多模态语篇的语篇内语境层，即社会情境层的组成结构。对社会情境的结构以及在动态视频多模态语篇中的呈现模式进行了深入论述，以"视觉叙述语法"为基础确定了分阶段的社会情境在动态视频多模态语篇中的呈现结构。社会情境在语篇中由不同的段落组成，这些段落包括导入、建立、起始、顶峰、释放和后记等六类段落。对社会情境相关的基本概念进行了深入的论述，这些基本概念包括总情境、情境复合体、次情境等。本章中的另一重要部分是对社会情境在动态视频多模态语篇中呈现的过程中发生的各种转变进行的深入的论述。最后，对社会情境中的社会活动的呈现模式进行了深入探讨。

第8章探讨了动态视频多模态语篇的模态结构和语法系统。从社会符号学角度提出并论证了模态的内嵌性，对动态视频多模态语篇的模态结构和特征进行了阐释，指出动态视频多模态语篇包括图像、书写、口语和声音四种主体模态以及多种内嵌模态。并在此基础上深入探讨了动态视频多模态语篇在语法层面的结构模式，指出动态视频多模态语篇的语法系统的本质是模态配置，包括模态选择、模态组合模式和模态关系三个方面，分别对应语篇的概念功能、人际功能和语篇功能，为社会符号学动态视频多模态语篇分析的进一步发展奠定了理论基础。

第9章探讨动态视频多模态语篇的衔接机制。首先阐述了跨模态互动理论，然后通过对新闻和广告两个不同体裁的电视语篇从衔接角度进行对比分析，发现不同体裁的电视语篇，在跨模态互动的关系类型、直接互动的衔接纽带的数量和比例以及视觉语篇的衔接项目的密度方面都有很大的差异。通过对多模态电视语篇实例进行衔接分析，论述了衔接模式与电视语篇文体之间存在的关系。

第10章探讨了动态视频多模态语篇的积极话语分析模式的构建与应用。本章以多模态语篇分析理论和评价系统理论为基础，构建了多模态语篇的积极话语分析模式，并对中央电视台的一期题为"'旧城改造'与商业拆迁"的焦点访谈节目从积极话语分析角度进行了分析，目的是构建适用于动态多模态语篇的积极话语分析理论框架。该理论框架包括声音、感情和叙事三个方面，通过这三方面的分析，可以揭示语篇在促成作者和语篇中群体与读者结盟过程的运作机制，同时拓展了评价理论在多模态语篇分析中的应用范围。本章所构建的积极话语分析框架不仅适用于访谈类多模态语篇，对于电影、广告和新闻等其他语类的视频多模态语篇同样具有应用价值。

第 11 章探讨了动态视频多模态语篇的批评话语分析模式的构建与应用。针对动态多模态语篇的特点，初步构建了适用的多模态批评话语分析模式，通过将该模式应用于电影和电视广告等不同体裁的动态多模态语篇进行实例分析，验证了本研究所构建的批评话语分析模式的普遍适用性和阐释力。通过分析动态多模态语篇中社会情境成分的呈现模式特征，可以深入揭示语篇的深层意义和语篇背后的意识形态操控。

第 12 章探讨动态视频多模态语篇语料库的建设及应用。使用 ELAN 软件作为工具，建立了较大规模的、经过统一标注的、能够实现高效率检索和统计的新媒体视频语篇多模态语料库。本章还构建了动态多模态视频语篇的语类量化分析模式，并且以建立的多模态语料库中的电视广告语类子语料库为基础进行了实例分析。以多模态语料库为基础，通过 ELAN 本身自带标注检索功能，对标注结果进行检索统计。然后进一步使用 SPSS 软件进行数据统计，对比分析中、英文汽车电视广告的语类特征差异。之后以分析结果为基础，深入阐释了中、英文两类汽车电视广告语类特征差异的深层原因。

第 13 本章探讨了多模态语篇分析的跨学科应用——社会符号学电影批评理论。以社会符号学和批评话语分析理论为基础，结合多模态语篇分析理论，构建了社会符号学电影批评理论的分析框架，为学术影视批评的发展提供新的理论视角。论证了从社会符号学角度出发，电影中呈现的内容可以看做是语境重构的社会情境，是电影生产者从自身利益出发，为了实现一定目的，对社会情境进行删减、替代、增加和重组之后呈现在电影中的结果。以社会符号学电影批评理论为基础，分析电影对社会情境的重构模式，可以阐释电影的艺术价值、深层意义和电影背后的意识形态操控。

14.2 研究创新

多模态语篇分析是一个相对来说比较年轻的学科，有许多理论还不成熟，在具体的语篇分析实践中，特别是在语料库的建设和应用中，还有许多理论和技术问题需要解决。

在理论基础方面，本研究首先从社会符号学角度对语篇的结构和层次重新进行了界定。从多模态视角对语篇进行了拓扑分类，提出并证明了"实现连续体"这一概念。阐释了语篇相邻层次之间的"层次融合"现象。提出了多模态视角的语篇拓扑分类模型，通过区分篇内与篇外情景语境这两个层次，完善了多模态语篇的语境理论，为多模态语篇分析奠定了理论基础。

本研究完善了多模态语篇的衔接机制，提出了较为完整的视觉符号和文字符号的衔接理论框架，扩大了图像和文字的衔接范围，把不同符号间人际意义衔接和语境层面衔接纳入符号间的衔接范围，深入论证了态度系统衔接作用。

通过使用语料库软件 UAM Image Tool 2.0 建立了静态图文语篇的多模态语料库，并进行标注和统计分析，在系统功能语言学的语类研究框架之下，对期刊封面这一多模态语类的特征进行归纳和描述。提出和论证了多层次的多模态语类分析综合框架。并以量化统计分析结果为基础，总结出多层次的平面广告的语类框架结构，完善了系统功能语言学的多模态语类分析方法。

第 6—12 章研究的重点是动态视频多模态语篇的分析。第 6 章构建了社会情境模式的动态视频多模态语篇分析方法，提出视频语篇的本质是语境重构的社会情境，建立了对视频语篇社会情境层的有效的分析模式。第 7 章探讨了动态视频多模态语篇的模态结构和语法系统。从社会符号学角度提出并论证了模态的内嵌性，对电影语篇的模态结构和特征进行了阐释，论证了电影语篇在语法层面的结构模式包括模态选择、模态组合模式和模态关系三个方面，分别对应电影语篇的概念功能、人际功能和语篇功能。第 8 章探讨了动态视频多模态语篇的衔接机制，阐释了跨模态互动理论，深入揭示了衔接模式与动态视频多模态语篇的文体特征之间的系统关系。

第 10 章构建了适用于动态视频多模态语篇的积极话语分析理论框架。通过对声音、感情和叙事三个方面的分析，揭示了视频多模态语篇在促成作者和语篇中群体与读者结盟过程的运作机制。第 11 章构建和应用了动态视频多模态语篇的批评话语分析模式，并将该模式应用于不同体裁的动态多模态语篇实例分析，通过分析动态多模态语篇中社会情境成分的呈现模式特征，深入揭示了语篇的深层意义和语篇背后的意识形态操控。第 12 章使用 ELAN 软件作为工具，建立了较大规模的、经过统一标注的、能够实现高效率检索和统计的新媒体视频语篇多模态语料库。同时以语料库为基础构建了动态多模态视频语篇的语类量化分析模式，并且以建立的多模态语料库中的电视广告语类子语料库为基础进行了实例分析。对比分析了中、英文汽车电视广告的语类特征差异，并深入阐释了中、英文两类汽车电视广告语类特征差异的深层原因。

最后，以社会符号学和批评话语分析理论为基础，结合多模态语篇分析理论，构建社会符号学电影批评理论的分析框架，为学术影视批评提供了新的分析视角。从社会符号学角度出发，电影中呈现的内容可以看做是语境重构的社会情境，以社会符号学电影批评理论为基础，分析电影对社会情境的重构模式，可以阐释电影的艺术价值、深层意义和电影背后的意识形态操控。

14.3　研究意义

本项研究在理论及实践领域均展现出显著的重要性。理论上，本研究在现有的多模态语篇分析理论基础上，理清了多模态语篇分析关于语境和语篇以及语篇各个层次之间的关系，完善了静态和动态多模态语篇的衔接机制，提出了系统的多模态语类分析框架，并将多模态语篇分析理论拓展到影视批评领域，构建了社会符号学电影批评理论的分析框架，为学术影视批评提供了新的分析视角。

多模态语篇分析作为一个相对较新的理论领域，尚存在诸多不成熟之处及争议性问题，例如动态多模态语篇的模态组成和语法结构问题，和衔接机制的相关研究尚不完善，本研究对这些理论问题进行了深入探讨并提出了创新性的见解，为动态多模态语篇分析理论的进一步完善和发展做出了贡献。

在实践层面，本研究不仅着重于理论应用的研究，而且基于理论框架发展出具体的操作模式。例如，本研究成功建立了静态图文语篇和动态视频语篇的多模态语料库，在多模态语篇分析的量化研究的发展和实践应用方面发挥了重要的促进作用。

本研究所建立的多模态语料库为多模态语篇分析的量化研究方法提供了技术支持。通过利用多模态语料库的检索和统计对比功能，对语料库内语篇的特征进行进一步的对比分析研究，归纳出了多模态语类的特征，实现了不同语类之间的对比研究。以多模态语料库为基础的量化多模态语篇分析，使多模态语篇分析的研究结果更加客观可靠，推动目前以定性分析为主的多模态语篇分析向定性和定量分析相结合的方向进一步发展，同时也推动了多模态语料库技术和多模态语篇分析理论的发展。

通过本课题的研究，创新了多模态语料库建设的技术和方法，同时构建了适用于多模态语篇分析的积极话语分析模式、多模态批评话语分析模式和多模态语类分析模式，为多模态语料库的理论和技术与多模态语篇分析的实践应用做出了贡献。

最后，以本研究的语料库建设的理论和方法为基础，可以进一步建立更大规模的、经过统一标注、能够进行检索和统计的、具有更大实际应用价值的语料库。本研究所建立的静态图文多模态语料库和动态视频多模态语料库，在艺术设计领域和电影电视制作领域也具有一定的应用前景。在未来，充分利用多模态语篇语料库可以为平面广告、各种封面等的艺术设计以及电视广告等的制作提供有价值的参考数据和理论指导，进而能够真正实现语言研究对经济社会发展的直接贡献。

14.4　研究局限性

多模态语篇分析是一个新兴的研究领域，相关理论基础还不成熟，同时涉及广泛的跨学科研究，研究的范围比较广，所构建的理论系统还不够完善，相关的研究结果和结论还需要进一步以量化语篇分析实践进行验证。

另外本研究所构建的语料库的样本容量还不够大，包括静态和动态多模态语篇的种类还不够多，为了提高语料库的价值，扩展语料库的应用范围，还需要对已经建好的静态图文多模态语料库和动态视频多模态语料库进一步补充和扩展，加入更多的语料分析样本。目前语料库的标注还以人工标注为主，需要耗费大量的人力，并且标注的精确度也受标注人的主观影响，需要进一步探索高效准确的语料库自动标注技术，以提高多模态语料库的建设和标注效率。在语料库的建设工具方面本研究仍然使用现有的主流工具，但当前可用的语料库工具仍然有限，急需新的自主研发的语料库工具，开发能够自动识别和标注语篇中复杂的多模态的新的语料库的建设工具是未来重要的研究领域。

在研究方法方面还存在一些问题。其中之一就是实证和定量的分析方法仍然不足，有些理论方法还没有通过基于语料库的定量研究方式进行验证。跨学科的研究还不够深入。多模态语篇分析本质上是一个跨学科的研究领域，专注于理解和分析语言以外的符号系统如何与语言一起发挥交流的作用，跨学科的研究需要在理论方面进一步创新。目前多模态语篇分析作为一个相对年轻的领域，尚未形成一个广泛接受的理论和方法论框架。不同研究者可能采用不同的术语和方法来分析相同的多模态现象，这种分歧可能会导致结果的解释出现差异。所以，下一步要在跨学科研究方面进一步创新，推动多模态语篇分析的发展。

14.5　研究结论

总起来讲，本研究对多模态语篇分析从理论上和实践上都进行了比较深入的研究。在理论上发展了多模态语篇分析的基本理论，特别是在语境和语篇层次方面、多模态符号衔接系统、多模态批评话语分析和多模态积极话语分析理论框架、动态多模态语篇的模态结构和语法系统方面都进一步完善了相关的理论，解决了一些多模态语篇分析领域实际存在的理论问题。

本研究所建立的静态图文多模态语料库和动态视频多模态语料库，为多模态语篇分析的量化研究方法提供了技术支持。通过利用多模态语料库的检索和统计对比功能，对语料库内语篇的特征进行对比分析研究，进一步验证了定性多模态语篇分析研究结果的正确性，并归纳出多模态语类的特征，实现不同语类之间对比研究。以多模态语料库为基础的量化多模态语篇分析，使多模态语篇分析的研究结果更加客观可靠，推动了目前以定性分析为主的多模态语篇分析进一步向定性和定量分析相结合的方向发展。

参考文献

〔1〕ARGYLE M. The psychology of interpersonal behavior〔M〕. Harmondsworth, UK：Penguin，1978.

〔2〕ARGYLE M，FURNHAM A，GRAHAM J A. Social situations〔M〕. Cambridge：Cambridge University Press，1981.

〔3〕BALDRY A，THIBAULT P. Multimodal transcription and text analysis〔M〕. London，Oakville：Equinox，2006.

〔4〕BATEMAN J A. Multimodality and genre：a foundation for the systematic analysis of multimodal documents〔M〕. London：Palgrave Macmillan，2008.

〔5〕ROYCE T D，BOWCHER W L. New directions in the analysis of multimodal discourse〔J〕. Journal of Pragmatics，2009，41(7)：1459 - 1463.

〔6〕BATEMAN J A，SCHMIDT K H. Multimodal film analysis：how films mean〔M〕. London：Routledge，2012.

〔7〕BEDNAREK M，CAPLE H. Playing with environmental stories in the news：good or bad practice？〔J〕. Discourse & Communication，2010，4(1)：5-31.

〔8〕BURN A. The kineikonic mode：towards a multimodal approach to moving—image media〔J〕. NCRM，2013. DOI：Burn，Andrew，The kineikonic mode：towards a multimodal.

〔9〕Yumin C. Interpersonal meaning in textbooks for teaching English as a foreign language in China：a multimodal approach〔J〕. university of sydney department of linguistics，2009. DOI：http：//hdl. handle. net/2123/5143.

〔10〕COHN N. The visual language of comics：introduction to the structure and cognition of sequential images〔M〕. London：Bloomsbury，2013.

〔11〕DJONOV E，ZHAO S. Critical multimodal studies of popular culture〔M〕. London：Routledge，2014.

〔12〕ECONOMOU D. Photos in the news：appraisal analysis of visual semiosis and verbal—visual intersemiosis〔D〕. Sydney：University of Sydney，2009.

〔13〕FAIRCLOUGH N. Textual analysis for social research〔M〕. London：Routledge，2003.

［14］FAWCETT R P，MIJE A V D，WISSEN C V．Towards a systemic flowchart model for discourse structure［J］．1988．DOI：http：//dx. doi. org/.

［15］FENG，D. Modelling appraisal in film：a social semiotic approach［D］. National University of Singapore，2012.

［16］FENG D, O'HALLORAN K. The multimodal representation of emotion in film：Integrating cognitive and semiotic approaches［J］．Semiotica，2013(197)：79-100.

［17］GU Y. Users' discourse：its status in linguistic theorization［J］．Contemporary Linguistics，1999(3)：3-14.

［18］GU Y. From the real－life situation to video stream data－mining. International Journal of Corpus Linguistics，2009，14(4)：433-466.

［19］HALLIDAY M A K. Language as social semiotic：the social interpretation of language and meaning［M］．London：Edward Arnold，1978.

［20］HALLIDAY M A K. An introduction to functional grammar［M］．London：Edward Arnold，1985.

［21］HALLIDAY M A K，HASAN R. Language，context，and text：a social semiotic perspective. Geelong，Vic.：Deakin University Press，1985.

［22］HALLIDAY M A K，MATTHIESSEN C. An Introduction to Functional Grammar［M］．London：Routledge，2013.

［23］HIIPPALA T. The localisation of advertising print media as a multimodal process ［J］．Palgrave Macmillan UK，2012．DOI：10. 1057/9780230355347 _ 5.

［24］HIIPPALA T. Reading paths and visual perception in multimodal research，psychology，and brain sciences. Journal of Pragmatics，2012，44(3)：315-327.

［25］NORRIS S. Interaction，image and text［M］．Boston & Berlin：Walter De Gruyter，2014.

［26］JEWITT C. The routledge handbook of multimodal analysis［M］．London：Routledge，2009.

［27］JONES J. Multiliteracies for academic purposes：a metafunctional exploration of intersemiosis and multimodality in university textbook and computer－based learning resources in science［D］．Sydney：University of Sydney，2007.

［28］LIVINGSTON P，PLANTINGA C. The routledge companion to philosophy and film［M］．London：Routledge，2009.

［29］KNIGHT D. The future of multimodal corpora［J］．Brazilian Journal of Applied Linguistics，2011(2)：391-415.

［30］KRESS G，VAN LEEUWEN T. Colour as a semiotic mode：notes for a grammar of colour. Visual Communication，2002，1(3)：343-368.

［31］KRESS G，VAN LEEUWEN T. Reading images［M］. London：Routledge，2006.

［32］JEWITT C. The routledge handbook of multimodal analysis［M］. London：Routledge，2009.

［33］KRESS G. Multimodality：a social semiotic approach to contemporary communication［M］. London：Routledge，2010.

［34］MARTIN J R，VEEL R. Reading science：critical and functional perspectives on discourses of science［M］. London：Routledge，1998.

［35］LEWIS J. Essential cinema：an introduction to film analysis［M］. Boston：Wadsworth，Cengage Learning，2014.

［36］DREW P，HERITAGE J. Talk at work［M］. Cambridge：Cambridge University Press，1993.

［37］O'HALLORAN K L. Multimodal discourse analysis：systemic functional perspectives［M］. London：Continuum，2004.

［38］LIU YU，O'HALLORAN K L. Inter－semiotic texture：analyzing cohesive devices between language and images［J］. Social Semiotics，2009，19（4）：367-88.

［39］Machin D. (2016). The need for a social and affordance－driven multimodal critical discourse studies［J］. Discourse & Society，2016（3）：322-334.

［40］F CHRISTIE. Language studies：children's writing：reader［M］. Geelong：Deakin University Press，1984.

［41］MARTIN J R. English text：system and structure［M］. Amsterdam：John Benjamins，1992.

［42］MARTIN J R. ROSE D. Working with discourse：meaning beyond the clause［M］. London：Continuum，2003.

［43］MARTIN J R，ROSE D. Genre relations：mapping culture［M］. London：Equinox，2014.

［44］MARTIN J R，WHITE P R R. The language of evaluation：appraisal in English［M］. London：Palgrave，2005.

［45］MARTINEC，RADAN. Cohesion in action［J］. Semiotica，1998，120（1-2）：161-180.

［46］MARTINEC R，SALWAY A. A system for image－text relations in new（and old）media［J］. Visual Communication，2005，4（3）：337-371.

［47］METZ C. Methodological Propositions for the analysis of film［J］. Screen，1973，14(1-2)：89-101.

［48］METZ C. Film language：a semiotics of the cinema［M］. Oxford and Chicago：

Oxford University Press and Chicago University Press，1974.

[49]NORRIS S. Analyzing multimodal interaction: a methodological framework[M]. London: Routledge, 2004.

[50]NORRIS S. The micropolitics of personal, national, and ethnicity identity[J]. Discourse and Society, 2007(18): 653-674.

[51]JEWITT C. The routledge handbook of multimodal analysis[M]. London: Routledge, 2011.

[52]NORRIS S. Identity in (Inter)action: introducing multimodal interaction analysis [M]. Berlin: Mouton de Gruyter, 2011.

[53]NORRIS, S. Three hierarchical positions of deictic gesture in relation to spoken language: a multimodal interaction analysis[J]. Visual Communication, 2011, 10(2): 129-147.

[54]NORRIS S, MAIER C D. Interactions, images and texts: a reader in multimodality [M]. Berlin: Mouton de Gruyter, 2014.

[55]O'HALLORAN K L. Mathematical discourse: language, symbolism and visual images[M]. London: Continuum, 2005.

[56]MCCABE A, O'DONNELL M, WHITTAKER R. Advances in language and education[M]. London: Continuum, 2007.

[57]O'TOOLE M. The language of displayed art[M]. London: Leicester University Press, 1994.

[58]PAINTER C, MARTIN J R, UNSWORTH L. Reading visual narratives: image analysis of children's picture books[M]. London: Equinox, 2013.

[59]PERVIN L A. Perspectives in interactional psychology[M]. New York: Plenum Press, 1978.

[60]ROYCE T. Synergy on the page: exploring inter−semiotic complementarity in page−based multimodal text[J]. JASFL Occasional Papers, 1998, 1(1): 25-49.

[61]SCOLLON R. Mediated discourse as social interaction: a study of news discourse [M]. London: Longman, 1998.

[62]VENTOLA E, MOYA GUIJARRO A J. The world told and the world shown: multisemiotic issues[M]. Hampshire: Palgrave Macmillan, 2009.

[63]TAYLOR J. Linguistic categorization: prototypes in linguistic theory[M]. Beijing: Foreign Language Teaching and Research Press, 2003.

[64]VENTOLA E A, GUIJARRO J. The world told and the world shown: multisemiotic issues[M]. London: Palgrave, 2009.

[65]UNSWORTH L. Towards a meta−language for multiliteracies education: descri-

bing the meaning－making resources of language－image interaction[J]. English Teaching：Practice and Critique，2006，5(1)，55-76.

[66]VAN LEEUWEN T. Speech，Music，Sound[M]. London：Macmillan Press Ltd，1999.

[67] VAN LEEUWEN T.Introducing Social Semiotics [M]. London：Routledge，2005.

[68]VAN LEEUWEN T. Discourse and practice：new Tools for critical discourse analysis[M]. Oxford：Oxford University Press，2008.

[69]VENTOLA E. The structure of social interaction：a systemic approach to the semiotics of service encounter[M]. London：Frances Pinter，1988.

[70]VAN DIJK T A. Society and discourse：how social contexts influence text and talk[M]. Cambridge：Cambridge University Press，2009.

[71]WILDFEUER J. Film discourse interpretation：towards a new paradigm of multimodal film analysis[M]. London：Routledge，2014.

[72]MAIORANI A，CHRISTIE C. Multimodal epistemologies：towards an integrated framework. London：Routledge，2014.

[73]WILDFEUER J，BATEMAN J A. Film text analysis：new perspectives on the analysis of filmic meaning. London：Routledge，2017.

[74]MELCHER D P，BACCI F. Art and the senses[M]. Oxford：Oxford University Press，2013.

[75]顾曰国 . 顾曰国语言学海外自选集[M]. 北京：外语教学与研究出版社，2010.

[76]陈旭光 . 当下电影批评的问题、态势及构想[J]. 北京电影学院学报，2016(01)：29-30.

[77]代树兰 . 多模态话语中各模态之间关系的研究[J]. 外语学刊，2017(06)：1-7.

[78]董梅，袁小陆 . 多模态审美批评话语分析框架建构研究[J]. 外语教学，2021(1)：77-82.

[79]方彦蘅，朱琳 . 符号学视野下中国电视剧城市意象的异化现象探析[J]. 文艺评论，2013(11)：68-73.

[80]冯德正，亢玉杰 . 态度意义的多模态建构——基于认知评价理论的分析模式[J]. 现代外语，2014（5）：585-596＋729.

[81]胡明霞，李战子 . 多模态语类：概念辨析与研究前景[J]. 解放军外国语学院学报，2018，41(03)：10-18＋159.

[82]胡壮麟，朱永生，张德禄，等 . 系统功能语言学概论[M]. 北京：北京大学出版社，2005.

[83]胡壮麟 . 语篇的衔接与连贯[M]. 上海：上海外语教育出版社，1994.

［84］黄立鹤，张德禄．多核并行架构：多模态研究的范式、路径及领域问题之辨［J］．外语教学，2019，40（01）：21-26.

［85］李华兵．多模态研究方法和研究领域［J］．西安外国语大学学报，2013（3）：21-25.

［86］李健雪，郑慧．视频广告的多模态批评话语分析——以整形广告为例［J］．语文学刊（外语教育教学），2015（11）：8-10＋16.

［87］李晶晶．多模态批评话语分析视角下的口译过程研究［J］．外国语，2019（6）：60-70.

［88］李溪慧．新媒体时代中国电影批评流变研究［D］．沈阳：辽宁大学，2019.

［89］李战子．多模式话语的社会符号学分析［J］．外语研究，2003（05）：1-8.

［90］刘润清．西方语言学流派［M］．北京：外语教学与研究出版社，2013.

［91］齐隆壬．21世纪社会符号学的多模态影片分析入径［J］．电影艺术，2015（04）：101-109.

［92］孙伯翰．新媒体时代的影视批评话语权利重构［J］．电影文学，2020（04）：32-36.

［93］唐青叶．电视民生新闻的多模式积极话语分析［J］．外语研究，2008（4）：15-20.

［94］田海龙．知识的交汇与融合——批评话语分析、社会符号学以及新修辞学发展轨迹引发的思考［J］．当代修辞学，2019（1）：55-64.

［95］汪燕华．语类的多模态分析：以英语心理学教材为例［M］．厦门：厦门大学出版社，2014.

［96］王振华．评价系统及其运作——系统功能语言学的新发展［J］．外国语，2001（6）：13-20.

［97］王正．功能语言学视角下的多模态语篇符号间的衔接研究［J］．电子科技大学学报（社科版），2011（2）：67-72.

［98］王正．多模态视频语篇的分析模式研究［J］．东北师大学报（哲学社会科学版），2013（1）：105-108.

［99］王正．多模态积极话语分析框架的探索与应用——以央视"焦点访谈"节目为例［J］．青海师范大学学报（哲学社会科学版），2019（03）：147-154.

［100］王正．动态多模态语篇批评话语分析模式的构建与应用［J］．西安外国语大学学报，2022（04）：25-30.

［101］王正．基于多模态语料库的汽车电视广告语类研究［J］．科技传播，2023（07），59-63.

［102］王正．社会符号学电影批评理论的构建与应用［J］．文艺评论，2023（06）：121-128.

［103］王正，张德禄．基于语料库的多模态语类研究——以期刊封面语类为例［J］．外语教学，2016，37（05）：15-20.

[104]王正，于大伟，李婧，等．多模态电视语篇的衔接研究[J]．绥化学院学报，2013(12)：71-74．

[105]杨信彰．多模态语篇分析与系统功能语言学[J]．外语教学，2009，30(4)：11-14．

[106]易兴霞．动态多模态语篇中的图文关系[J]．西安外国语大学学报，2015(4)：50-53．

[107]张德禄．论衔接[J]．外国语，2001(2)：23-28．

[108]张德禄．语类研究的范围及其对外语教学的启示[J]．外语电化教学，2002(5)：59-64．

[109]张德禄．语类研究概览[J]．外国语，2002(4)：13-22．

[110]张德禄．语类研究理论框架探索[J]．外语教学与研究，2002(5)：329-344．

[111]张德禄．多模态话语分析综合理论框架探索[J]，中国外语，2009(1)：24-30．

[112]张德禄．马丁的语类研究[J]．当代外语研究，2010(5)：29-34．

[113][1]张德禄．适用性社会符号学的理论与实践研究[J]．外语与外语教学，2010(05)：5-10．

[114]张德禄．动态多模态话语的模态协同研究——以电视天气预报多模态语篇为例[J]．山东外语教学，2011(5)：9-16．

[115]张德禄．多模态课堂话语的模态配合研究[J]．外语与外语教学，2012(1)：39-43．

[116]张德禄．多模态功能文体学理论框架探索[J]．外语教学，2012(03)：1-6．

[117]张德禄，王正．多模态互动分析框架探索[J]．中国外语，2016(2)：54-61．

[118]张德禄．多模态话语中的情景语境[J]．解放军外国语学院学报，2018(03)：1-9＋159．

[119]张德禄，胡瑞云．多模态话语建构中的系统、选择与供用特征[J]．当代修辞学，2019(05)：68-79．

[120]张德禄，赵静．多模态话语分析是否需要分析多模态语法？[J]．当代修辞学，2021(02)：26-36．

[121]张德禄，张珂．多模态批评(积极)话语分析综合框架探索[J]．外语教学，2022(1)：1-8．

[122]张德禄．文化语境在多模态话语建构中的作用研究[J]．解放军外国语学院学报，2023(05)：54-61＋161．

[123]张德禄．多模态话语建构中的模态融合模式研究[J]．现代外语，2023(04)：439-451．

[124]张德禄，穆志刚．多模态功能文体学理论框架探索[J]．外语教学，2012(03)：1-6．

[125]朱永生．多模态话语分析的理论基础与研究方法[J]．外语学刊，2007（5），82-86．

[126]朱永生．语篇中的意识形态与语言学家的社会责任——论马丁的相关理论及其应用[J]．当代外语研究，2010（10）：25-28．

[127]邹逸君．意义释放与时空艺术：从电影符号学视角走进新时代中国主旋律电影[J]．文艺评论，2022（02）：107-114．

后 记

在完成《多模态语篇分析的理论与实践》这本书之际，心中满是感慨，诸多回忆涌上心头，许多人、事与思考都值得在这后记中一一记录。

回顾研究历程，其艰难曲折远超想象。从确定研究方向的那一刻起，便如同踏上了一场充满未知的漫长征途。多模态语篇分析领域在当时虽已崭露头角，但仍有诸多理论空白与实践难题等待填补与攻克。收集资料阶段，面对海量且繁杂的信息，筛选与梳理工作极为耗时费力。构建理论框架时，需不断在系统功能语言学、社会符号学等多学科理论间穿梭，寻找它们与多模态语篇分析的契合点，这个过程充满了困惑与迷茫，无数次的推倒重来，只为找到最合理、最具创新性的架构。分析实践案例时，要从不同视角深入剖析，确保研究的深度与广度，每一个细节都反复斟酌，力求精准。

在研究过程中，我深刻认识到多模态语篇分析理论的复杂性和重要性。我们提出的"实现连续体"概念以及对语篇相邻层次间"层次融合"现象的阐释，完善了系统功能语言学的语境理论。这不仅解决了该领域长期存在的关于语境和语类模型的争议，更为后续研究提供了坚实的理论基础。在完善多模态语篇的衔接机制方面，将不同符号间人际意义衔接和语境层面衔接纳入研究范围，扩大了图像和文字的衔接范围，为深入理解多模态语篇的连贯性提供了新视角。而建立的静态图文和动态视频多模态语料库，以及在此基础上发展的量化分析方法，推动了多模态语篇分析从定性研究向定性与定量相结合的方向发展，使研究结果更加客观可靠。

然而，研究并非一帆风顺，其中遇到的难题至今仍历历在目。在建立多模态语料库时，样本的选取和标注工作困难重重。要确保样本的代表性，需广泛收集各种类型的语篇，但实际操作中，难以涵盖所有的多模态语篇形式，且标注过程缺乏统一标准，不同标注人员的理解差异容易导致标注结果的不一致。在理论研究方面，动态多模态语篇的模态组成和语法结构问题十分复杂，不同模态之间的相互作用和转换关系难以清晰界定。例如，在分析动态视频多模态语篇时，如何准确划分模态类型，以及确定它们在不同语境下的功能和意义，都是亟待解决的问题。面对这些困难，我查阅大量国内外文献，借鉴相关领域的研究成果，不断调整研究方法和思路。同时，积极与同行交流，参加学术会议，在思想的碰撞中寻找解决问题的灵感。

在《多模态语篇分析的理论与实践》成书之际，我心中满是感恩，尤其想要感谢我的导师张德禄教授，以及一直默默支持我的家人。

　　张老师在学术领域造诣深厚，是多模态语篇分析等领域的著名学者，他的诸多理论成果，如对系统功能语言学在多模态语篇分析中的拓展应用研究，在学界影响深远，为该领域的发展做出了卓越贡献。

　　在我整个研究过程中，张老师给予了我全方位的指导与支持。从确定研究方向时，他凭借敏锐的学术洞察力，引导我聚焦多模态语篇分析这一富有潜力的领域，让我得以站在前沿视角开展研究。在构建多模态语篇分析理论框架的艰难过程中，面对系统功能语言学理论、社会符号学理论等多理论融合的难题，我常常陷入困境。张老师总是耐心地与我探讨，用他渊博的知识和丰富的经验，为我拨开迷雾。他指出不同理论间的关联与互补之处，帮助我提出"实现连续体"概念，完善了系统功能语言学的语境理论，让我的研究有了坚实的理论基石。

　　在研究静态图文多模态语篇符号间的衔接机制时，我对如何将人际意义衔接和语境层面衔接纳入研究范围感到迷茫。张老师建议我从不同文化背景下的语篇实例入手，深入分析其衔接特点。这一思路让我豁然开朗，最终成功提出较为完整的视觉符号和文字符号的衔接理论框架。

　　在动态视频多模态语篇分析的研究中，张老师同样为我指明方向。当我在分析模态结构和语法系统时遇到阻碍，他指导我从社会符号学角度出发，深入剖析各模态间的关系，使我能够清晰地界定图像、书写、口语和声音等主体模态以及多种内嵌模态，并揭示出动态视频多模态语篇语法系统的本质是模态配置。

　　我的妻子在我投身研究的这段日子里，毫无保留地承担起了家庭的重任。生活中的琐碎事务，从操持家务到安排家庭活动，她都打理得妥妥当当，让我能够心无旁骛地专注于学术研究。当我为了梳理复杂的理论、建立多模态语料库而日夜忙碌时，她总是默默支持我。在我疲惫不堪时，她会贴心地准备好温暖的饭菜，关切地提醒我注意身体；在我因研究难题而焦虑烦躁时，她总是温柔地倾听我的烦恼，用鼓励的话语给予我力量，让我重新找回信心，鼓起勇气继续前行。

　　我的儿子壮壮，是我生活的快乐源泉。每当我在研究中遭遇瓶颈，心情低落时，他那纯真灿烂的笑容和充满童真的话语，总能瞬间驱散我心头的阴霾。在我忙于处理大量数据和撰写文稿时，他虽然年纪小，却非常懂事，从不打扰我。有时，他会带着自己写完的生字、画完的画，一脸骄傲地跑到我面前，这是给我莫大的鼓励。他的天真可爱让我在紧张的学术研究中，感受到了生活的美好与温暖，也成为我努力完成研究的强大动力，激励我为他树立积极向上的榜样。

　　感谢我的导师张德禄教授，您的言传身教是我学术道路上的指明灯；感谢我的妻子，你的理解与付出是我坚实的后盾；感谢我的儿子，你的纯真与温暖是我前进的动力。这本书的完成，离不开你们的支持与陪伴，未来我会继续努力，不辜负你们的期望。

　　回顾过去，虽历经艰辛，但收获满满；展望未来，多模态语篇分析领域还有广阔的研究空间。在理论方面，需要进一步完善多模态语篇分析的理论体系，深入研究不同模态之间的互动机制和协同作用，探索多模态语篇在不同文化背景下的特点和差异。在实践应用上，多模态语篇分析在教育、广告、影视等领域具有巨大的应用潜力。例如，在教育领域，可以运用多模态语篇分析优化教学资源设计，提高教学效果；在广告和影视制作中，有助于创作者更好地传达信息，提升作品的吸引力和影响力。

我衷心希望本书能为多模态语篇分析领域的研究贡献一份力量，为后续研究者提供有益的参考和启示。也期待更多的学者关注这一领域，共同推动其发展，让多模态语篇分析在理论和实践方面取得更大的突破，为相关学科的发展和社会的进步发挥更大的作用。

王正

2025 年 1 月

哈尔滨学院崇德楼 1523